いつも「話が浅い」人、なぜか「話が深い」人

「あの人は深い」と言われる話し方

齋藤 孝

詩想社
— 新書 —

まえがき◎あなたのまわりの「浅い人」

時間をかけてしっかり相手の話を聞いたのに、聞き終えたときに、「なんだか浅い話だったなぁ」とがっかりしたことは誰もが経験したことがあるのではないでしょうか。私たちのまわりには、意外にたくさんの「浅い話」があふれています。

すでに知っていることや、当たり前のことばかりを述べる話、
大事なポイントを押さえていない掘り下げ方の甘い話、
具体性がなく、終始、漠然とした話、
思い込みが強くて視野の狭い話、
ものを知らない、知識のない人の話、
思いつきだけで、思考の形跡がない話、
人生観が感じられない話、

……などなど、これらは、聞き手に「浅い」という印象を与えてしまうものです。

会社勤めをしている知り合いからは、上司や仕事相手の「浅い話」につき合わされて、辟易《へきえき》しているといった話を何度か聞いたことがあります。

ビジネスの場面に限らず、日常の会話や、テレビやネットに出ている人の発言など、いたるところに「浅い話」はあるといえます。

そして、この「浅い話」をする人は、聞き手に「底の浅さ」を見透かされていたとしても、おかまいなしに滔々《とうとう》と話を続け、周囲から「浅い人」という評価を受けるようになってしまいます。

なぜ、こういった人たちの話は、聞き手に「浅い」という印象を与えてしまうのでしょうか。「浅い話」にはいくつかのパターンがありますが、本書ではその共通の問題点を解き明かし、私たちが感じる「深さ」、「浅さ」とはいかなるものなのかを具体的に示します。

また、「深い話」とはどのようなもので、それを可能にするためには、どういった能力が必要なのか。また、その能力をどう伸ばせばいいのかも解説しました。

まず、深さを体現するために最初に必要となってくる「展開力」について、第1章では解説をしています。「深い話」をするためにはそれ以外にも2つの能力が必要で、「本質把握力」については第2章、「具体化力」については第3章で解説しました。この3つの能力を伸ばし、意識して活用することで、「深い話」は可能になっていきます。

最後の第4章では、少々テクニックめいた、「深さ」を聞き手に強調するような話し方についてご紹介しました。

この本を参考にみなさんが、ここぞという大事な場面では、聞いている人の心を揺り動かす「深い話」ができるようになれば、著者としてこれほどうれしいことはありません。

齋藤 孝

いつも「話が浅い」人、なぜか「話が深い」人◎目次

第1章

「展開力」を伸ばす

話の「浅い人」、「深い人」の違いはここだ

第2章 「本質把握力」を鍛える 本質がわかっている人は、やっぱり深い

第3章

「具体化力」を引き出す

深い人は「エピソード」をもっている

第4章 「あの人は深い」と言われる話し方の技術

「深さ」を伝える実践編

第１章

話の「浅い人」、「深い人」の違いはここだ

話の深さ、浅さは人間の「深さ」、「浅さ」である

私たちは、日々、テレビやネットなどで多くの人たちの発言に接しています。さまざまな分野の専門家、政治家やアスリート、芸能人など、著名人たちの発言は興味深いものが多く、思わず耳を傾けてしまうこともあるでしょう。

しかしときとして、それらの発言を最後まで聞き終えたとき、「時間をかけて話したけど、ちょっと内容の薄い話だったなぁ」などと感じてしまうことはないでしょうか。

実生活においても、同じような経験をすることがあります。

商談相手の話や、会議での出席者の発言など、話しぶりはとても滑らかで、よどみなく続いていくのですが、結局、「あまり中身のない話だったなぁ」、「浅い話だ

ったなぁ」などと感じることがあるものです。

逆に、話すことには不慣れで、たどたどしい話し方をする人だったとしても、聞き終えたあとに、とても中身のある話だった、「深い話」だったと感心することもあります。

この、「話が浅い」、「話が深い」という印象は、その話者の人間性に対する印象ともつながってくる部分だからとても重要です。

つまり、浅い話ばかりをする人は、「浅い人」とみなされてしまうことが多く、知識や情報に乏しいというだけでなく、場合によっては思考力も浅く、知的ではない印象を聞き手の人にもたらしてしまいます。

一方、深い話をする人は、「あの人の話は示唆に富んでいる」、「あの人の話は刺激的だ」と、まわりから興味や好感を抱かれるものです。深い思考力を備えていて、ものごとの本質を知っている人という印象も与えますから、まわりからも一目置かれることになります。

仕事上の場面で深い話をする人は、有能とみなされますが、浅い発言に終始する人は、有能とは評価されず、相手に信頼感をもたらすこともなかなかできません。もし、管理職の立場であったとしたら、「浅い上司」とみなされてしまうことは、部下を指導する際の説得力にもかかわってくるでしょう。

こういったことから、ビジネス上の関係であれ、一般的な人間関係であれ、できることなら、日ごろから「深い話」ができるようになって、あの人の話をもっと聞きたいと思われたり、「あの人は深い」と一目置かれたいと誰もが思うものです。少なくとも「浅い人」とは思われたくないと多くの人は思っているはずです。

特に、社会に出てある程度の年齢を重ねた人なら、そのように考えて当然でしょう。若いときであれば、勢いや情熱が前面に出ていれば、発言の内容はある程度、大目に見てもらえますが、いい大人になれば、年相応の「深み」をまわりからも求められるものだからです。

この「深い人」、「浅い人」という印象の大部分を決めているのが、その人の「話」なのです。

本書では、どのように話すと、「浅い人」という評価になってしまうのか。また、どう話せば深い話だと感心され、まわりから一目置かれる「深い人」になれるのかを解説しようと考えています。

まずは、そもそも私たちは、どのような話を深いと感じ、どういった話に対して浅いという印象をもつのか、次の項で整理してみましょう。

「深い話」をするために必要な3つの能力

「浅い話」、「深い話」といわれても、漠然としていてわかりづらいものです。実際に、どのような違いがあるのか具体的にみていきましょう。

「実《み》のない話」という言い方をよくしますが、誰かの話を聞いて、「結局、なんにも意味がなかったなぁ」と感じるときは、聞いている側がまったく変化を起こさない、化学反応を起こさない話だったということです。これは「浅い話」の典型といえます。

一方、「深い話」は、聞き手側の心の部分、感情部分を揺り動かしたり、これまでもっていた考え方を突き動かしたりするものです。

話を聞いて、「へえー、そうなのか」と驚きや気づきがあったり、「なるほど、そういうことか」とじんわりと理解が深まったり、「そんな考え方ができたらすてきだなぁ」と憧れの気持ちを起こさせたり、聞き手側の感情の部分を刺激します。

そして感情が動かされたとき、人はこれまでもっていた考え方、見方に変化を起こします。このときの自分が更新されていく、自分のなかの何かが変わったという感覚こそが、相手の話を「深い話」と印象づけるのです。

話を聞くビフォーとアフターではこんなに自分は変わったと感じさせるものが、深い話ということになります。これは人間の生き方にも影響を与えるもので、そこが深い話の魅力といえます。

聞き手側に変化を促す「深い話」をするためには、大きく分けて以下の３つの能力が必要になってきます。

ひとつ目は「展開力」です。情報力、知識力と言い換えてもいいかもしれません。まず大前提として、薄っぺらな話に終わらないだけの情報量と知識量が必要になります。それを自分なりに入手して、話を推進していく展開力を身につけないと、深い話を構築していくことはできません。

そして2つ目が、「本質把握力」になります。上っ面をなぞっているだけの話では結局、何も相手の心には残りません。核心の部分、本質をつかみ、それを提示する力があると話はどんどん深いものになっていきます。

最後の3つ目は、「具体化力」です。「提案力」と言い換えてもいいかもしれません。話が抽象的なものに終始してしまうと、結局、聞き手の心までは動かせません。具体化したり、エピソードとして話に加えることで、深い話となっていきます。

以上の3つの逆を考えれば、「浅い話」の典型がイメージできると思います。「そんなこと知っているよ」と言いたくなるような一般的な情報や、そもそも情報量の少ない話、本題の核心を把握していない人の表面をなぞっただけの話、抽象論だけで具体性やその人のアイデアが反映されていない漠然とした話などは、いくら長い時間聞いたとしても、「結局、内容の薄い話だったなぁ」という感想を聞き手側にもたらすのです。

本書ではこの3つの力をそれぞれどう伸ばしていけばいいのかを、これから説いていきます。

「展開力」があると話は深くなる

まずは深い話をするために必要な「展開力」について、ここからは述べていきましょう。

私は『全力！脱力タイムズ』（フジテレビ系）という番組に出演させていただいているのですが、そこではいつもオープニングで、司会の有田哲平さんが、出演している芸人の方に、「最近、ニュースで気になることはありますか？」といったような質問を投げかけます。

聞かれた芸人さんが、「アメリカの中間選挙が気になります」とか、「これから始まるサッカーのワールドカップが楽しみです」などと答えるのですが、このいかにも漠然とした答えに対して、有田さんがもう一歩、突っ込んで聞くと、「いや、特にありません……」というふうに芸人さんは答えに窮してしまう。「なんだ、この人、ニュースに対して浅いな」、「全然、考えてないじゃないか」という雰囲気をつくって笑いにつなげるというのが、オープニングのお約束のパターンになっています。

これは番組のなかであれば笑いになるのでいいのですが、実生活で同じように、みんなが知っているようなことだけを言って、ちょっと突っ込まれると、もう答えることができないということになると、この人はとても浅いという印象を与えてしまうはずです。ものを知らないというだけでなく、その人自身が、思考力の浅い人、知的ではない印象になってしまうのです。

だから、「え、それだけなの」、「もう少し突っ込んだ話はないの」などと思われないくらい、話を展開していく力が、「浅い話」にならないためには最低限必要になってきます。つまり、薄っぺらな話にならないための、情報量や知識量が不可欠ということです。

この点は、「浅い話」にならないための、まずクリアしたい第一条件でしょう。

いまは、インターネットを通じて、誰もが簡単に情報を入手することができるようになりました。

このような時代だからこそ、一般的な情報をざっと羅列して話すだけだと、「それはもう知っているよ」、「あの人の話はいつもネットの受け売りで浅いんだ」と聞き手側をがっかりさせてしまう危険性が高くなっています。

そのようなことを避けるために、いかに情報や知識を集めるかということが、いまの時代、より重要になってきているのです。

「深い人」だけが知っている情報の集め方

深い話をするためには、ある程度の情報量が必要ですが、だからといって、やみくもに情報を集めて話のなかに盛り込んでいけばいいというわけではありません。情報を集める際に気をつけるべきことがひとつあります。それは、「角度をつける」ということです。

ひとつの方向から見た情報や意見だけを並べて話を進めても、どうしても平板で浅い話に陥りがちです。しかし、自分の意見は「これだ」と決めつける前に、もうひとつ別のポジションから見た違う意見や情報を積極的に話に取り入れていくと、話は深くなっていきます。

「私たちにはこのように考えられるが、競合の他社から見たらこうである」、「これは利益に見えるが、別の見方では、実はこのような不利益をもたらしている」など、他の視点からの情報、意見を織り交ぜると、角度がつくぶん、話に奥行きが出てくるのです。

つまり、情報収集の際には、角度をつけて、別の視点からの意見や情報を意識的に集めることが、深い話をするためには重要なのです。「一般的にはこう言われていますが、反対から見るとこうなっている」などと触れながら、最終的に、自分の価値判断に従って意見を述べればいいのです。

このように、別の視点が加わると深みが出るというのは、片目でものを見ると距離感がつかめませんが、両目で見ると奥行きがわかるようになるのと同じことです。

情報収集は、常に「両眼視」できているかを意識しながら進めると効果的です。

自分の意見や立場に依拠した情報だけに偏っていないか、常にチェックをしてみましょう。ひとつの立場に偏らず、「別の視点からはどう見えるだろうか」と発想を転換して思考することが大切なのです。それらを組み入れながら、自分の話を展開していければ、必ず深い話になっていきます。

インターネットは、コメント欄を読むと話が深くなる

自分とは別の視点の情報を収集する場合、役に立つのがネットニュースです。時事問題などについて話す際は、特に便利です。ネットのニュース記事をいくつか照合すると事の詳細を知ることができますが、それ以上に、各ニュースに付属しているコメント欄が重要だといえます。

そこに載っているコメントは、必ずしも客観的で、すべて事実に即しているとは言い切れませんが、自分とは違った別の視点を手っ取り早く知るにはとても有意義なものです。これまでまったく思い浮かばなかった別の意見に、気づかされることもよくあることです。

コメント欄を読み進めると、ときには自分自身が「この問題はこうである」と結

論づけていたことも、反対の立場の意見が意外に多いことに気づかされたりします。

そのような場合は、その問題に関連してメディアで発言をする際、私は自分の意見だけに執着せず、反対の視点にもある程度のウェイトを置いて、バランス感覚をもったコメントをするようにしています。

これは、自分の意見がなく、まわりに流されているということではけっしてありません。自分自身の意見はもちながらも、別の立場、別の意見にも配慮して、バランスをとった意見に「練り上げる」という行為になります。

この相反するいくつかのものの要素を組み入れて練り上げたものが、「深い」ものとして聞き手には伝わります。ひとつの「極論」よりも、多様な意見を包摂した「中庸」にこそ、深みはあるのです。その点については、第２章で詳しく触れようと思います。

このような多面的にものを見て、それらをひとつにまとめ上げていくバランス感覚の訓練としても、ネットのニュース記事を読む際は、コメント欄も同時に目を通すことをお勧めします。

ただ、10代、20代の若い人たちにとっては、ことさらバランス感覚にこだわらなくてもいいという側面もあります。

私は大学の教師として、二十歳《はたち》前後の人たちと日常的に接していますが、彼らのような若い時期には、「これが答えだ」と思い込んでわき目も振らず突き進んでいくことが、大きなパワーを生むことをよく知っています。

自分の視点をぐいぐい押し出して、発言をしても若いときなら「浅い」とは言われません。逆に、粗削りな「鋭さ」をまわりも面白いと評価してくれることが多いものです。

しかし、30代になってくると求められるものが違ってきます。いつまでも自分の意見に執着した一面的な発言をしていると、「そんな狭いものの見方ではだめだよ」と指摘されるようになってきます。

特にビジネスの場面では、30代以降、年齢にふさわしい深みが求められるようになってくるのではないでしょうか。

受け売りの誤情報に飛びつく「浅さ」

深い話をするためには、最低限必要な情報量というものがあります。それを収集しようとしたとき、現代であればインターネットが最強の武器でしょう。

検索機能を駆使して、ひとつの視点にこだわらず、さまざまな立場からの情報、意見を収集していきましょう。

その際に注意したいのは、情報の信ぴょう性を自分なりにチェックするということです。

いまは、政治家や著名人が誤った情報を事実だと思い込んでSNSなどで拡散し、大問題になることがよく起こっています。

フェイクニュースに踊らされるということは、「情報を適切に扱う分別もない」

ということで、「深い話」、「浅い話」以前に、「浅はかな人」という評価をまわりからされてしまう危険性があります。

そのような事態を避けるには、日ごろから、情報をその信ぴょう性によってランクづけしておくことがとても効果的です。興味深い情報だからといってすぐ飛びつくのではなく、いったん立ち止まって、信ぴょう性を常にチェックするという姿勢が必要なのです。

情報の信ぴょう性とは、つまるところ、その情報の「出どころ」がどこかによって決まってきます。いくつもの新聞に書かれていることなのか、コメンテーターがただ言っただけのことなのか、公的機関の発表文書なのか、名前も経歴もわからない人の発信する情報なのか、それぞれの情報の出どころによって信用度は違います。

私の場合は日ごろから、以下のような情報のランクづけを行っています。

大手メディア、通信社の複数が報じている情報、当事者のオフィシャルな発信などはAランクとして、もっとも信ぴょう性が高いものとして、事実として扱っています。

一方で、ひとつのメディアしか報じていないような情報、個人のジャーナリストや専門家が発信しているような情報は、Ｂランクとして、「このような情報もある」と注釈つきで扱います。

もっとも信ぴょう性の低いＣランクは、出どころが明確ではない情報です。発信者の素性がわからないもの、匿名による情報などは、ひとつの見方として知っておくことに意味はありますが、具体的に話題に取り上げることは避けるようにしています。このように情報をランクづけして適切に扱い、「両眼視」した情報も組み入れて話を展開しましょう。

ただ、情報の見極め方が自分のなかでルールとなっていないと、結果的に事実ではない情報を取り上げてしまう事態も起こり得ます。そうなってしまうと、あとになって聞き手側から、「あの人の話は、事実関係がいい加減だ」、「あの人はデマに踊らされている」と批判されてしまいます。

情報の真贋《しんがん》を見極められるということは、深い話をする人の基礎的な能力でもあります。自分なりに情報のランクづけをしておきましょう。

「練られたもの」が深さである

ひとつの視点にこだわらず、さまざまな視点からの情報を集める大切さは前述しましたが、それら集めた情報をただ羅列しても深い話にはなりません。話を深くするには、「練る」という作業が欠かせません。

「練る」とは、自分の視点とは違った多様な情報を、自分の意見、判断のなかに適宜、反映させ、ひとつの意見にまとめ上げていく作業のことです。

よく、パッとひらめいたことをそのまま話してしまったり、安易に結論づけてすぐに話してしまう人がいますが、これでは聞き手に、「ただの思いつきじゃないか」、「安易すぎるよ。もう少し考えればいいのに」と思われてしまうおそれがあります。

つまり、「この人の話は浅いな」と思わせるひとつの要因には、その話が練られていない、という点があるのです。

安易に結論を急がず、別の視点を自分の意見のなかにうまく反映することで、深さをつくっていくことができます。

私はよく仕事で、7～8人のメンバーで「メール会議」をしています。何か討議したいことがあったら、このメンバー全員にメールの一斉送信で意見交換をするのです。

そうすると、各自がさまざまな意見を出してくれます。「実は、以前にも同様のことがあって、そのときはこう対処しました」と誰かが言えば、それを受けて別の誰かが、「そのときは、こんな問題があとで起こりました」と答えます。「今度はこうしたらどうでしょう」などとさらに別の人が意見を言ってくれたりもします。

これを全員が見られるメールの一斉送信で行うと、みんなで時間をとって実際の会議をやる必要もなく、意思決定がその都度、スムーズに行えるのです。

私がこういった意思決定を日常的にやっていていつも感じるのは、「最初の意見のまま行動しなくてよかった」ということです。別の人の意見を聞けば、「そのような点に配慮する必要があったのか」などと、必ず何かに気づかされるものなのです。

そのいくつかの気づきを統合して、文書を仕上げたり、最終的な行動に移すということが大切なのです。

いくら別の人の意見を聞いても、自分の意見に執着するだけで、それらを生かさなければなんの意味もありません。自分の意見を保ちつつも、それを最適化するために必要なものは何かという視点で、さまざまな意見に耳を傾け、取捨選択してひとつの意見に練り込むことが重要なのです。

このようなメールでの会議ができない場合でも、私は別の方法で、自分の意見を練る作業をしています。みなさんにもお勧めしたいのが、「脳内会議」という手法です。

これは、意見を求める相手が手近にいないときに、自分ひとりで3〜4役くらいを担って、頭のなかで仮想の議論をやるものです。

まずは自分の主張に対して、反対の立場であれば、どのような指摘をするだろうかと考え、反対者になり代わって意見を述べてみる。次は、さらに別の立場の人を想定して、その人になり代わって別の角度の意見を述べていく。

こういった脳内での仮想の議論を３～４人でやってみると、最初の自分の主張よりもはるかに練られたものに必ずなっていきます。

たとえば政治的な問題であれば、この問題に対して、右寄りであればこのように言うだろう。左寄りであれば、こう言うだろう。中道であれば、こう言うだろうと、三者に議論をさせて、それらを適宜、自分の意見に盛り込んでいけば、深い意見になっていきます。

思いつきで話すのではなく、「脳内会議」の癖をつけるようにすれば、「浅い話」に陥ることを避けることができます。

結局、浅さとは視野の狭さのことでもあります。話し手が、広い視野でさまざまな角度から思考しているということが伝われば、話を聞いているほうも、相手のことを深いと感じるのです。

深い人は「感覚の変容」体験がある

少し前に、東京都のある区議会議員が、この区にＬＧＢＴの人が増えてしまうと、人口が減少して将来的に滅んでしまうといった趣旨の発言をして、大問題になったことがありました。

本来、少子化問題は、未婚化や晩婚化、経済的な状況など、さまざまな要素が絡み合って起こっているのであって、ＬＧＢＴの人たちによって引き起こされている問題ではありません。

それなのにこの区議は、まるでＬＧＢＴの人たちが少子化の原因となっているような見方に執着し、性的少数者の人たちを批判したのです。

現在では、ＬＧＢＴへの理解を深め、そういった人たちの人権を守ろうという社会的な流れがあるにもかかわらずこのような発言をするのですから、まったく底の浅いものの見方といえるでしょう。

なぜ、この区議がこのような発言に至ったのか。それは、LGBTを感覚として理解できないという部分があったからだと思います。

よく、価値観多様化の重要性が指摘されるようになりましたが、価値観の変化の基礎となるのは感覚の変化なのです。これまでわからなかった感覚が、わかるようになる、「感覚の変容」が価値観の変化を生むのです。

この問題発言の区議も、もしかすると、これまでにもLGBTに関する情報に触れてきたし、社会的な流れについても知っていたかもしれません。しかし、ただ知っているだけで、その情報が感覚の変容にまで至らなかったのでしょう。

私がみなさんにお勧めしたいのは、何かこれまでとは違う新しい事象、価値観などが入ってきたときは、まずは、その新しいものが少数派だったとしても、試みとして、それに一度シフトしてみるということです。

どうしても、これまでの多数派の立場を守り続けようとしたくなりますが、それではいままでの考え方にとどまるだけです。新しいものがすべて正しいというわけではもちろんありませんが、一度、その新しいものの側に立ってみることで感覚が変容し、その対象を深くとらえることができるようになるのです。

そのために私がよく利用するのが、映画やドラマ、漫画などです。こういった物語を利用すると、これまでわからなかった問題の当事者の立場に自然になり代わることができ、感覚としてその問題もわかるようになるからです。

ＬＧＢＴの問題であれば、私にとっては若いころに観た『苺とチョコレート』という映画がとてもいい勉強になりました。この映画はゲイの青年が主人公で、80年代のキューバのハバナを舞台にした物語です。国際的な評価も高く、ベルリン国際映画祭銀熊賞を受賞しています。

この映画を観ていると、これまでよくわからなかったＬＧＢＴのことも、感覚として理解できるようになってきます。

つまり、役者たちがうまいこともありますが、ゲイの主人公にどんどん共感していくのです。「むしろ、この主人公の言っていることがもっともだ」と考えられるようになります。

映画を観るビフォーとアフターでは、私のＬＧＢＴに対する感覚が変わり、さらには価値観までも変化を遂げました。

このように、新しいもの、新しい価値観と出会ったときには、感覚として受けつけないと拒絶するのではなく、一度はそちら側に立ってみることが大切です。

そうやって、新たな立場に立ってみると、なかなか理解できないと思われていた新しい価値観も、すべては無理としても、その一部でも感覚として理解できるようになります。

私の大学ではＬＧＢＴについての講習会などがあり、専門家の説明を聴いて、常に新しい情報を得ています。

そういった最新の情報を知ることにプラスして、私が映画を観て感じたような感覚の変容がともなっていると、さらに深いとらえ方、深い話ができるようになります。

情報を集めてインプットするだけではなく、その情報から、自分の感覚の変容を心がけるようにしてみましょう。わからないといって拒絶するのではなく、一度、自分をそこに置き換えて何かの気づきを得てください。

いままではわからなかった感覚が、「この感覚はわかる」と変容するとき、それはさらに深い理解、深い話へとつながっていきます。

引用によって、話はどんどん深くなる

私は米津玄師さんの曲をよく聴くのですが、彼がこれだけ多くの支持を得ている要因のひとつには、楽曲づくりの背景に彼がもつ教養があり、それが作品全体の深さをつくっているからだと考えています。

たとえば、『STRAY SHEEP』というタイトルのアルバムがあるのですが、このSTRAY SHEEPとは、新約聖書に出てくる言葉ですし、夏目漱石の小説『三四郎』のなかに出てくるキーワードでもあります。

そして、このアルバムには『カムパネルラ』という曲が収録されていて、カムパネルラとは、宮沢賢治の小説『銀河鉄道の夜』の登場人物の名前です。歌詞のなかには、波打ち際のボタンといった表現が出てくるのですが、これは中原中也の詩

『月夜の浜辺』からのフレーズでもあります。

このように彼の作品には、いたるところにさまざまな教養が垣間見えます。宮沢賢治や中原中也の作品を知っている人であれば、彼の曲を聴くことで、それら名作の作品世界の深さを想起することができます。

そもそも宮沢賢治や中原中也などの文学者が残した言葉は深いものですから、それらがちりばめられていると、楽曲自体にもさらに深い広がりを感じることができるのです。

ヨルシカの詞にも文学・思想の香りを感じて、私は好きです。正岡子規、尾崎放《ほう》哉《さい》、ワイルド、萩原朔太郎をふまえていたり、フロイトやニーチェも出てきたりして、とても奥行きがあります。

結局、自分ひとりの経験やものの見方、考え方だけでは、深い話をするのにも限界があります。その年齢なりの人生経験しかみんなありませんから、深いことを話そうとしても、どこかに限界があるわけです。

そんなとき役に立つのが、教養です。文学のみならず、哲学や政治経済、物理や歴史、美術など、あらゆる分野の教養には、誰もが認める深みがあり、それらを引用することで、話の内容に広がりをもたせ、深さをつくることができます。

　前述した脳内会議も、「自分ひとりで深くなるのは難しい」という点から生まれたものです。他の人の意見を取り入れて、自分の意見を深くしていくというのが脳内会議の目的でした。

　これと同じように、教養という先人たちの知恵を借りることで、本来、自分ひとりではなかなかたどり着けないような深さまで、自分の意見を深めていくことができるのです。


　また、教養とは、さまざまな知識や古典に対する造詣の深さであって、努力して学べば、誰にでも身につけることができるものです。その意味で、深さを手に入れるもっとも手っ取り早い方法が、教養力をつけるということになります。

　教養力を身につけるには、「古典」を読むことがお勧めです。たとえば、古典といわれるものを100冊読んでいれば、かなり教養があるというレベルだと思います。とりあえず3冊でもいいので、とにかく古典デビューするのが先決です。

私は古典のなかでも、『論語』が特に使い勝手のいいものだと考えています。『論語』を1冊、しっかりと読んでおけば、そのなかの言葉をつい引用してしまう、という場面に遭遇することがよくあるからです。意識せずとも『論語』のなかの言葉が会話のなかに「こぼれ落ちる」というレベルにまで自分のものにしていれば、聞き手には深さとして伝わります。

教養は、ひけらかすものではなく、こぼれ落ちてしまうものです。

日常生活のなかにあるほとんどの情報には、賞味期限があります。2～3週間もすれば、更新されていたり、過去の話となっていることがほとんどです。

しかし、古典の教養というものは、いつまでも鮮度が落ちず、時代によらず本質を突いているものばかりです。

常に変化していく新しい情報も大切ですが、それだけでは深い広がりが出ないこともあります。逆に、教養といわれるような不変の情報だけでも、現代の私たちにはピンとこないこともあります。

この両者に軸足を置いて、新しい情報のなかに不変の情報を見いだしたり、逆に不変の情報に新たな情報を関連づけたり、両者を織り交ぜることで深みが生まれるのです。

最新の情報を集めて提示しながら、「私はこう考えます」と言うだけでもいいのですが、そこに、「実はこの近代人の病的傾向についてゲーテもこう言っています」、「トルストイは『人にはどれだけの土地が必要か』について、こう述べています」と展開されると、話に深みが加わり、説得力が増すのです。

新書、手引書を活用して「古典デビュー」しよう

教養力を身につけるためには、古典を読むことが大切であると前述しました。しかし、多くの人はなかなか時間を取れず、腰を落ち着けて古典を読み進めることなど難しいかもしれません。

そのような人には、古典そのものを読まなくても、手っ取り早く学べる便利な本が最近ではたくさんあります。

『よくわかる○○論』、『ズバリわかる○○主義』などといった、名著をわかりやすく解説する本がたくさん刊行されています。こういった手引書を読むだけでも、まずは、だいたいの中身を知ることができます。

私の勧める大学の学生さんには、NHKで放送している『100分de名著』のテ

キストを古書店でまとめて買って、一気に教養力をアップさせた人もいました。

もちろん、古典そのものを読んだほうがいいのですが、こういった古典になじみのない人、時間のない人であれば、入口として手引書やサブテキストを読むだけでもいいと私は考えています。

こうやって、一応、ざっとでも内容を知っている古典が増えていくことが大事だからです。知っているものが増えてくると、今度は、それらが相互に結びついてくるのです。

私は以前、『渋沢栄一とフランクリン』（致知出版社）という本を書いたことがあるのですが、渋沢栄一は日本の資本主義の父であり、ベンジャミン・フランクリンはアメリカ建国の父といわれる政治家、物理学者です。

この二人のことを学ぶと、実は二人がともに、資本主義の問題点を、その黎明期から意識していたことがわかります。金儲けに走りやすく、富が一部の人に偏在しやすいことを防ぐために、ともに、道徳心の重要さを説いています。

こういった共通点から二人を掘り下げようと、私は前記の本を書いたのですが、このように、ひとつ知っているものが増えると、別の何かと関連して、知識のネットワークがどんどん広がっていくものなのです。ネットワークができると、さらに理解が深まり、記憶にも定着します。

手引書のようなものを通してでもいいので、まずは、知っているものをどんどん増やすことによって、「広がり」が確保できます。

また、新書判の本を活用して、教養力をつけることもお勧めです。

新書はそもそも専門家に向けてではなく、一般読者をターゲットにして書かれています。各界の第一人者が著者となっていることも多く、初心者が知りたいテーマを一から学ぶには新書を読むことが効率的です。

新書を読み進めていると、引用箇所がいくつも出てきます。そのなかで気になるものがあれば、引用元として記載されている参考文献までさかのぼって、全集などを取り寄せ、理解を深めてください。

最初から、古典の原典や全集などを読んでいこうとすると、読み進めるのに膨大な時間がかかって、ひとつのテーマを理解するだけで一苦労です。また、途中であきらめてしまうことも多くなるでしょう。だからこそ手引書のような本や、新書判の本を大いに利用して、１００冊を目標に、古典の教養を広く浅く身につけてください。

教養を自分のものにする読書術

教養力を身につけるために古典を読むことは大事ですが、ただ漫然と読むだけでは、なかなか深く理解できず、自分のものにできないということも起こってきます。読んで得た知識を、適切な場面で自由に使いこなし、話に盛り込めるようになってこそ、教養力を身につけたといえるのです。

そのような深い理解を得るためには、古典の「読み方」を工夫することも必要です。ひとつの方法として私が提案したいのは、本の内容を常に自分の体験に引きつけながら読むということです。

私は学生さんたちに、『論語』を1冊読み通してもらい、その内容と自分の経験をからめてスピーチしてもらうという授業をやっています。

たとえば、『論語』のなかに、「今女《なんじ》は画《かぎ》れり」という一節があります。これは、孔子が弟子の冉求《ぜんきゅう》に対して、「お前は今、やる前から自分の限界を定めて、努力しないようにしている」と叱った言葉です。

この言葉の意味を説明するときに、それに当てはまるような自分の経験をからめながらスピーチしてもらうのです。

たとえば、

「自分は小さいころから地域の名門高校に憧れていたが、中学生になったころから、自分の素質では到底無理だろうとあきらめるようになってしまった。しかし、先生の励ましや、親の勧めなどもあって、目標を高くもって努力したら合格することができた。

つまり、孔子の言いたかったことも、自分で勝手に限界を定めたら、そこで自己の成長は終わってしまうが、自分を信じて努力すれば可能性は広がるということなのではないだろうか」

と話してもらうのです。このように自分の経験とからめて語ることで、古典の記述に対して理解が深まります。

特に抽象的な内容や一般論などは、自身の経験に置き換えることで、その内容を本当の意味で自分のものにすることができます。

古典の知恵を自分のエピソードで具体化できるようになれば、今度は逆に、さまざまな具体事例に出会ったときに、自然とそれに対応する古典の知恵が頭に浮かぶようになります。

「いま見ているこの事象は、『論語』に出てくるあれと同じだな」と気づくようになるのです。そうなれば、会話の端々に、『論語』の言葉を引用してしまうということも可能になります。

どうせ時間をかけて読むのであれば、できるだけ本の内容を自分のものにしたいものです。そのためには、読み進めながらも常に、「これは、自分の体験で言えばどういうことだろうか」、「たとえばこれを具体的に言うと、どういうことになるのか」などと自身に問いかけ、具体化を試みることが大切です。

「引きつけ」によって、名著、古典の知恵も、自分のものにすることができます。

「リスペクトの系譜」が深さをつくる

教養力をつけるためには、まずは広く浅く学んでいくことが手っ取り早い方法です。

しかし、人それぞれ、このテーマについては好きで好きでたまらない、自ら進んでもっと深く学びたいというものもあるかと思います。

もし、そのようなテーマがあるのなら、そこを徹底的に突き詰めていくのも、教養力をつける近道です。

たとえば太宰治のことが好きで好きでたまらないのなら、どっぷりとはまってしまうのもひとつの方法です。『太宰治全集』を読み込み、さらに、評論集も読めば、もう太宰のことについては深く語れるはずです。

こうやってとことん太宰作品や太宰の人生、人となりを掘り下げていくと、そこから派生して、新たな興味の対象が生まれてくるものです。

たとえば、太宰が中学時代に感銘を受けた小説が、井伏鱒二の『幽閉』(後に改稿し『山椒魚』)です。結局、太宰はその後、井伏に師事することになるのですが、そこまで太宰の心を動かした『幽閉』とはどのような小説だろうか、作者の井伏鱒二とはどのような作家なのだろうか、と興味をもつかもしれません。

また、太宰も含め、無頼派と呼ばれる作家たちが同時代にいましたが、他の無頼派の作家たちに興味をもつ可能性もあります。

いずれにしても、「太宰治」という偏愛する対象があると、そこを起点に興味の対象が自然に広がっていくのです。

リスペクトするものを学ぶと、そのリスペクトの対象がリスペクトしているものを知ることができます。自分が敬愛するものが、何をリスペクトしていたのかは、誰でも興味があるのではないでしょうか。このようなリスペクトの系譜で教養を広げていくことはとても効率的で、大人の勉強にはぴったりだと思います。

教養を単なる情報として学び、記憶するのであれば苦痛となることもありますが、好きで好きでたまらないものであれば、記憶したり、勉強したりすることは、むしろ楽しいはずです。

一分野のことだけを掘り下げて、細部まで知っているだけでは「マニア」にとどまりますが、ひとつの分野から別の分野、別の分野へと派生し、守備範囲の広がりをもっていると教養人、知識人となるのです。

学生であれば、教科書を読むようにじっくり学ぶこともいいかもしれませんが、自由な時間の少ない大人であれば、もっと自由に、好奇心の赴くまま、好きなものを起点にして、そこから教養力を広げていっていいと私は考えます。

みなさんも、自分の好きなもの、はまっているものを大切にし、そこを徹底的に掘り下げてみてください。そこから広げた知識のネットワークは、好きという情熱を背景にしたものですから、語るときにも相手に「熱」は自然と伝わりますし、相手もそこを「深い」と感じてくれます。

話し手と聞き手の知識差が「深さ」を生む

話している内容に興味をもったり、疑問を感じたりすると、聞き手側から話し手に対して質問をするようなことがあります。そのときに、「ちょっとわかりません……」、「そこまでは調べていませんでした……」などと口ごもってしまい、まともに答えることができないようだと、聞き手は話し手に対して「浅いな」という印象をもってしまいます。

結局、ひとつの話題だけで、単発で終わってしまうような話は、相手に「浅い」という印象を与えてしまうのです。

そうならないためにも、話すことの10倍くらいの知識、情報を事前に準備してください。それだけストックがあれば、話を十分に展開することができ、深みが伝わります。

結果的には話さないことかもしれませんが、その話す内容の背景に、それだけの情報や知識があるということが、深い話を可能にするのです。

私が大学院生のときに先生に言われたことですが、論文を書く際は、同じテーマで原稿用紙１枚でも書けるし、30枚でも書ける、５００枚でも書けるようにしなさい。それが、「わかっている」ということだと言われました。

本当にその通りで、私も５００枚、一生懸命に書いたものです。そうして書いたものを、今度は30枚に短くする必要が出てきたときには、当然、省略もしなければならないのですが、とても中身の深い30枚になります。やはり、全体で60枚のものを30枚にするよりも、５００枚のものを30枚にするほうが意味の含有率が高い、深いものとなります。

このように、深い話を展開するためには、その背景にどれだけの知識と情報のストックをもっているかが重要になってくるのです。

これは学校の授業においても同じことがいえます。たとえば、ある先生が学校で世界史の授業をするとしましょう。この際、教科書だけを教材として、それに沿って教えるだけでは浅い話になってしまいます。

なぜなら、生徒も同じ教科書をもっているからです。なかには予習をしてくる生徒もいるかもしれません。そうなると、生徒と先生の知識差はほとんどなくなってしまいます。

結果、生徒たちは、「先生の授業は、教科書を読むだけで面白くないよね」、「教科書をただ解説していて、ちょっと浅いよね」などと思ってしまうかもしれません。

このような状況を乗り越えるためには、先生がその授業で扱う分野に関連するさまざまな資料を事前に読んで、知識を得ておかなければなりません。

教科書で2ページほどの箇所だったとしても、他の資料を調べて30ページ、50ページと読んだうえで授業をすれば、雑談などで教科書に載っていない知識を話すことができます。

たとえば、「ナポレオンは戦闘を数学だと言ってるよ」、「ナポレオンは落ち着きがなくて、じっとしていられない人だったらしいよ。肖像画を描かれているときも、奥さんのジョセフィーヌの膝の上に、子どもみたいにのせられていたんだ」などと、エピソードをつけ加えることができます。

　こういった教科書以外の知識のストックが随所に出てくることで、生徒たちも、先生の話を面白いなと感じ、興味をもってくれるのです。

　結局、相手の心を動かす深い話とは、話し手と聞き手の知識差によって生まれるという側面もあるのです。

　教科書の内容をそのまま話すだけでは、先生と生徒の知識差はほとんどできません。しかし、先生が授業に向けて、教科書以外の資料などで知識のストックをつくっておくと、そこに知識量のギャップができ、生徒たちに対して深い話が可能になるのです。

　聞き手よりも圧倒的に多くの知識があるということが、深い話をするひとつの条件です。だから私は、深い話をするためには、話す内容の10倍を目指して、知識・情報を収集することをお勧めしています。そうすれば、聞き手との知識差も大きくつくれ、話が単発で終わってしまうというようなことも避けられます。

深さとは知識のネットワーキングである

情報量が乏しく、単発で終わるような話は、聞き手に浅いという印象を与えます。そうならないために、多くの知識や情報を収集すべきですが、収集する際には、それぞれの情報を常につながりとしてとらえることが大切です。

なぜなら、深い話とは、関連するいくつもの知識や情報で展開されるものだからです。

たとえば、「Aに関連して、Bがある」、「そしてBは、Cに関連していて」、「さらには、Dにつながっている」などと芋づる式に知識や情報が話のなかで展開されていくと、聞き手も「この人の話は深い」と感じるのです。

また、つながりで情報をとらえると、自分としても記憶しやすいという利点もあります。

ぜひ、みなさんも、常に情報や知識はつながりでとらえることを意識してみてください。

インターネットで情報を収集する際も同様です。たとえば、検索サイトで調べたいものを検索したりしたときは、必ずそのページから、関連するページへもクリックしてください。

クリックして表示されたページを読み、また、関連ページへクリック。その次のページも目を通して、関連ページへクリック、という具合に、５回くらいはクリックするといいでしょう。

こうすると、お目当ての情報を中心に、そこに関連する情報がひとつのつながりとして頭のなかに整理できます。また、人に話す際も、そのつながりを使っていくつかの情報を展開すると話に深みが生まれます。

時事的な情報を検索する際も、関連するページをクリックする習慣をつけましょう。ニュースのような情報は、時間の経過によって最新状況が変わることもあります。ひとつの記事だけで鵜呑みにせず、何回かリンクに従って記事を確認して、たしかな事実関係をつかむ必要があります。

インターネットを利用した情報収集は、5回は関連のページへクリックしていく癖をつけたほうがいいでしょう。

「歴史」を盛り込むことで出る深み

深い話をするためには、「歴史」を話のなかに組み入れることも、ひとつの有効な方法になります。

たとえば、音楽の歴史に詳しい人が、音楽について語れば、当然、深みが出ます。「そもそもこのやり方はバッハがやっていたもので……」などと語れば、聞いている人は話に引き込まれるはずです。

語ろうとしているテーマの、そもそもの発祥や、どういう経緯をへて現在の状況に至っているのかという「歴史」が付加されると、話に奥行きが生まれるのです。

みなさんも、何かを語ろうとする際は、その主題となっているものの歴史を一度調べてみるのもいいでしょう。調べてわかったことのなかから、自説を展開するのに役立つものを話に盛り込めば、自然と話に深みが出てきます。

教養力のアップという意味でも、歴史について腰を据えて学習することは意味のあることです。ただ、日本史については熱心に勉強していて非常に詳しいのですが、世界史についてはあまり興味がないという人もときどきいます。これでは知識の広がりが限定的で、とてももったいないです。

やはり歴史を学ぶのであれば、日本史と世界史をリンクさせながら両方を学んでください。たとえば、織田信長、豊臣秀吉、徳川家康の時代は、世界史ではイングランドの黄金期を築いたエリザベス1世（在位・1558〜1603年）の時代でもあります。この時期、イギリスはスペイン無敵艦隊を破り（1588年）、その勢力を拡大していきます。日本も豊臣秀吉が朝鮮へと出兵（1592〜93年、1597〜98年）しました。

しかし、その後、イングランドは海を越えて世界支配への道を進んでいきましたが、日本は朝鮮出兵をとりやめ、世界への門戸を閉ざす方向へと向かっていきます。

このように、日本史と世界史の知識をつながりで整理していると、記憶にとどめるときも容易になります。また、日本史だけの知識であれば、それに精通していたとしても単にマニアとしてとらえられることもありますが、守備範囲が世界史まで広がっていると、教養のある人という印象になります。

日本の高校では、世界史という科目があり、多くの高校生が力を入れて勉強していますが、このような国は、実は世界では多数派ではありません。これは世界に誇れる部分といってもいいでしょう。

高校生のときに世界史を学んだ経験を生かし、大人になってあらためて学びなおすことで、それを教養のベースとしたらいいと私は思います。

昨今、取りざたされるブラック・ライヴズ・マターについても、そもそもなぜアメリカにアフリカ系の人々がいるのか、どのように連れてこられたのか、公民権運動など、どのようにこれまで差別と闘ってきたのかなどの歴史を知っていれば、深い話をすることも可能になります。

世界史とは、現在を読み解く最強のカギです。特に時事的なテーマを深く語る際には、必要な教養といえるでしょう。

第２章

本質がわかっている人は、やっぱり深い

なぜ、あの人の話は薄っぺらなのか

深い話をするためには、話を広げていく「展開力」と、ものごとの本質を突く「本質把握力」、抽象論に終始しない「具体化力」の3つの要素が必要だと述べました。

第1章では「展開力」について触れましたが、第2章では「本質把握力」について述べます。

とても流暢な話しぶりだったとしても、聞き終えたあとに、「結局、中身のない話だったなぁ」などと感じたりすることがあります。

このようなときは、その人の話が「本質を突いていない」という場合がよくあります。話し手が話すべき題材の核心、本質をつかんでいないと、上っ面だけの話や、ピントはずれの話に終始してしまいます。そうすると、話を聞いている人には、「薄っぺらな話」、「浅い話」という印象を与えてしまうのです。

たとえば、業績不振のある企業で、どうしたら売り上げを伸ばせるか、チームでミーティングをしているとしましょう。各自が売り上げアップのための方策をもちより、議論をしています。

もしそのような場で発言を求められたときに、市場環境や、業績推移の解説を長々とするだけで、肝心の売り上げ増大策についてアイデアを述べなかったとしたらどうなるでしょう。たぶん、会議の出席者たちは、中身のない発言だったと思うに違いありません。

「現状分析はもういいから、売り上げアップのためのあなたの具体策を聞きたい」と、みな思うはずです。

このように、話すべき題材の本質を理解していなかったり、その本質について語るべき自分の意見がまとまっていない人の話は、聞いている人に対して、中身のない話、浅い話という印象を与えてしまうのです。

実は、このようなことは、思った以上によく起こります。人はどうしても自分が話しやすいこと、話したいことを優先的に話す傾向にありますから、意識して話さないと、自然と本質の部分から脱線していってしまうことも出てきます。

そうならないためにも、「いま自分が話すべき題材の本質は何か」、「この場では、どのような発言が求められているのか」、といったことを発言の前に自身に問いかけることが重要です。

そうして話すべき本質の部分についての見解をまとめてから、話しはじめることが大切です。

普遍的な部分にまで思考できる人は深い

話すべきことの中心である「本質」を理解して、それを語ることは浅い話となることを防ぐ必須の条件です。

ただ、そこにとどまらず、その話すべき題材の背後にある、「普遍的なもの」にまで話が展開できるとさらに深い話になっていきます。

話が個別具体的なことに終始していて、その奥にある「普遍的なもの」についてまで掘り下げられていないと、上っ面だけの浅い話という印象を聞き手に与えてしまうことがあります。

たとえば、ペットの安楽死の是非について発言をするとします。飼い主の葛藤や、安楽死の具体的ケース、法整備の面についてなど、現場の実状について具体的に触れながら自分の意見を述べるということでも、ひとつの話にはなるはずです。

しかし、そこにとどまらず、ペットの命について自分はどう考えているのか。そもそも生きているものすべての「命」について、どうとらえているのか。その部分まで思考を深めていき、その普遍的な視点にも触れて話を展開すれば、深い話だと聞き手は感じます。

自分が話そうとする題材について、そこから普遍的な何かが言えないか、一度、思考を深めてみてください。具体的な話から、普遍的な何かを見いだせるようだと、話はさらに深いものになっていくはずです。

まず、本質を取り違えたり、知らない場合は深い話はできません。話す題材の本質をつかむことが第一条件です。

さらに言えば、その本質を知って、具体的なものから普遍的な部分にまで思考が深められる人は、深い話をすることが容易になります。

具体的なものと、そこから読み取った普遍的な本質とが合わさってくることで、深みは生まれるのです。

深さとは「具体的かつ本質的」なものだ

人は、「具体的かつ本質的」なものに、「深さ」を感じるものです。

つまり、非常にシンプルで具体的でありながら、同時に、その奥にあるものごとの本質、普遍的な意味を提示していると、聞き手は「深い」印象をもちます。

もちろん、深さを感じるパターンは、これ以外にもいくつかあり、難解で多様な解釈が可能な長編小説の「複雑さ」のなかにも深さはあります。

しかし、私たちが日常で接する「深さ」という点でいえば、もっとシンプルな「具体的かつ本質的」なものが、多くの人に「深い」という印象を与えるはずです。

この「具体的かつ本質的」という感覚を理解するためには、偉人たちが残した名言を味わっていただくことが近道だと思います。

たとえば、デカルトの言葉に、「我思う、ゆえに我あり」(「Cogito ergo sum」)があります。これは、「自分が疑っているということだけは、疑い得ない」というシンプルな命題です。そこには、いろいろなものを疑ってかかったとしても、そのいま、疑っている主体としての自己の存在だけは確実であるという本質が述べられています。

それまで「信仰」によって真理を得ようとしていたキリスト教的神学から、人間の理性によって真理を探求しようという近代哲学の幕開けを意味するものでもあります。

とても具体的でシンプルな一文ですが、哲学というものの本質を突いているからこそ、この言葉が私たちの心を動かし、現在に至るまで残っているのです。

ソクラテスの「無知の知」という言葉も深いものです。自分が知らないということを知っている人と、自分が知らないということを知らずに、知っていると思い込んでいる人との間には大きな差があることをソクラテスは指摘しています。

むしろ、知らないということを知っている人のほうが知恵があるのだという意味です。これもシンプルで具体的でありながら、「賢い」とはどういうことかという本質を突いた言葉といえるでしょう。

日本において、この「具体的かつ本質的」という表現を、芸術の域にまで高めたのが俳句です。名句が人の心を打つのも、それが「具体的かつ本質的」だからです。俳句とは端的にいえば、具体的なものを観察し、そこに本質を洞察する文芸です。

私の好きな俳人に、加藤楸邨《かとうしゅうそん》という人がいますが、この人の句に、「人間をやめるとすれば冬の鵙《もず》」というものがあります。人間をやめるとするなら、冬の鵙になりたいと詠《うた》ったちょっと面白い句ですが、「自分だったら人間をやめるとすれば、何になりたいだろうか」と、つい誰もが考えてしまう魅力的な句です。

これも、冬の鵙という具体的なものを挙げながら、鵙の孤高なさまと、それと対照的な人の世の本質のようなものが表現されているから「深さ」を私たちは感じるのです。

松尾芭蕉の「秋深き隣は何をする人ぞ」という句も、秋が深まり、隣の人は何をしているだろうか、と具体的に述べているだけですが、そこには、冬間近の晩秋特有の寂しさや人恋しさといった本質が表現されています。

ここまで例に挙げてきたのは、哲学者の言葉や、著名な俳人の句ですから深いのが当然だとみなさんは思われるでしょう。

しかし、そこにはどれも共通した点があり、それこそが、「具体的かつ本質的」という点になります。

このシンプルでありながらものごとの本質を突いているという部分が、多くの人たちに「深いなぁ」と思わせ、また、心を揺り動かすのです。

私たちも深い話をしたいと考えるなら、この「具体的かつ本質的」ということを常に意識して話をしようと心がけることが大切です。具体的な言及から、本質的な部分にまで話が展開できるよう考えてみてください。

そうすれば、少なくとも「浅い話」に終わることは避けられますし、必ず話は深まっていくはずです。

「深さの感覚」を養う練習

具体的かつ本質的な話ができれば、話は深いものとなります。ただ、その本質をつかむことがなかなか難しいという面もあります。

深さを感じさせる本質をつかむためには、まず、「深さ」の感覚を知らなければ、その本質にまでたどり着けません。深さの感覚を知ることで、その深いところにある本質まで思考を深めることができるのです。結局、深さの感覚がない人は、どこまで行っても深い話ができるようにはなりません。

では、どうやってその深さの感覚を身につけるか。そのときもっとも役に立つのが、前項で述べた俳句などの芸術です。

俳句はたった17音で構成される、世界でもっとも短い詩といわれるくらいシンプルなものです。しかし、そのシンプルで具体的であるなかに、本質が提示されており、それが深みとなって私たちの心を動かします。

俳句を鑑賞することであらためて、「こんな短いなかに、こんな思いを込めているのか」と深さの感覚をじっくり味わってください。それが、自分でも深い話ができるということにつながります。

また、自身で俳句をつくることもたいへんいいことだと思います。俳句とは具体的なものや現象を観察し、そこから本質を洞察して提示するものです。

先ほどの加藤楸邨の句もおそらく、枯枝にとまっている一羽の鵙を作者が観察し、そこに、人間世界とは対照的な、孤高さ、自由さ、寂しさなどを洞察したからできた句といえます。

深さとは「具体的かつ本質的」なものと前述しましたが、そのような深さを体現するためには、具体的なものをしっかり見る「観察力」と、そこから本質を見抜く「洞察力」が欠かせません。

俳句をつくるということがまさに、この観察力と洞察力を総動員する作業にほかなりませんから、俳句をつくっていれば、自然に具体的なものから本質へと思考を深めていくいいトレーニングになるはずです。

また、絵画を鑑賞することも、いい訓練になります。絵画は目に見える具体的なものですが、そこからどのような本質が洞察できるか意識しながら鑑賞してください。そうすれば、自然と思考は深くなっていきます。

たとえば、ムンクの『叫び』という有名な絵があります。これは描かれた人物が叫んでいるところのように誤解されることもありますが、本当は、人物がフィヨルドの「叫び」を聞いて耳をふさいでいるところを描いたものです。

この絵を鑑賞して、ここには人間の実存的な不安、生きているということの不安が表されていると読み解くこともできます。

さまざまな芸術において共通していえるのは、その芸術作品を「本質の部分では何を表現しているのだろうか」と意識しながら鑑賞することで、思考を深めるいいトレーニングになるということです。

たとえば、ムンクの『思春期』という少女を描いた作品でいえば、「少女の腕はなぜクロスしているのか」、「少女の影はなぜあんなに大きいのか」といった問いを立てると、思考が深まります。

多くの芸術に触れることで、思考を深めるトレーニングをし、あわせて深さの感覚も実感してください。それが深い話をする能力を養ってくれるはずです。

「本質」とは斬新なものより「一見、平凡なもの」にある

あるテーマについて見解を求められるという場面はよくありますが、そのようなときに極端に偏った意見を表明すると、それが「浅い意見」に終わることが往々にして起こってきます。

これは私たちのまわりにある多くのものごとの本質が、白か黒かにスパッと切り分けられるようなものではないという現実があるからです。

たしかに、ものごとを白か黒かのどちらかに切り分けるような極論は、とても明快であるため、斬新さもあわせもっている場合は、多くの人たちの支持を得ます。そのような意見を述べる発言者も、確固たる意見をもったユニークな存在として多くの人の目に映ることがあります。

若いうちは特に、オール・オア・ナッシングの白か黒かの主張に惹かれがちですが、現実の事柄の多くは、白か黒かの2つに切り分けられるようなものではなく、無理に2つに切り分けると、さまざまな支障が生じてしまうというのが実態です。

たとえば、ある制度の問題点を検討していたときに、「それならば全面廃止しよう」という極論が多くの支持を集めて決定されたとします。しかしそれを実行してしばらくたってみると、今度は思ってもみなかった新たな問題が噴出するということはよくあることです。

これは、制度の廃止を決定する前に、廃止に反対する人たちの立場や、廃止したときのメリットだけでなく、デメリットには何があるかといった別の視点でこの問題を検証し、そのような部分に配慮していないから起こることでもあります。

別の視点も組み込んで制度案を練っていれば、「全面廃止」という極論は導かれないでしょう。「条件によって制限する」、「部分的に廃止する」といった案に落ち着くはずです。

極論とは一面的なもののとらえ方が背景にあるので、あとになって想定外の問題を生じさせてしまうのです。その結果、「結局は思慮の浅い案だったなぁ」と評価を落としてしまうことが多いのです。

また、極論は他者への配慮が欠如しているため、まわりから反感を買うことも多く、あとになって批判されるようなことも起こってきます。いわゆる「ブーメラン」として、自分への批判として返ってくることもよくあることです。

「炎上」が仕事になっている人なら、それでもいいのかもしれませんが、一般的な人であるなら極論よりもバランス感覚をもった意見のほうが求められるはずです。

斬新さや過激さを求めて、極論に走りたがる人もいるかもしれませんが、極論は往々にして一面的な見方であり、ものごとの本質をとらえたものではありません。

一方で、多面的にものを見て本質に迫った意見は、極論のような明快さや、発言者の意図が前面に出るような、押し出しの強さもありません。ともすると、まわりの意見に流されているようにも見えます。

もちろん、ただまわりに流されているだけのどっちつかずの意見であれば、聞き手の心に響かない「あいまい」なものにしかならないでしょう。しかし、確固たる自分の判断、意見を保ちつつ、広く別の意見も練り込んでまとめた意見は「あいまい」ではなく「中庸」というべきものです。

中庸とは、一見、平凡なものに見えるかもしれませんが、さまざまな意見を包摂し、ものごとの本質をとらえたものであるということができます。多くの人の納得を得ることができる絶妙のバランスであり、そこには、考え抜かれた深みがあるといっていいでしょう。

中庸の大切さは、孔子も「中庸の徳たるや、それ至れるかな」という言葉を残し、いくつかある徳のなかでも、中庸が至高の徳であると指摘しています。

古代ギリシャの哲学者、アリストテレスも『ニコマコス倫理学』のなかで、中庸の徳を説いています。たとえば、「勇」とはどのような状態かといえば、それが極端に少ないと「臆病」になり、過剰であると「蛮勇」となります。臆病と蛮勇の間のちょうどいいくらいのところに「勇」があるのです。

このように二千数百年前から、どちらかに偏ることのない絶妙なバランスとしての中庸が、徳というものの中心に置かれていました。そして現代でも、深みのあるものの見方や、大人としての「深さ」は、中庸であることが体現するものといえます。

斬新で尖った意見は、耳目を集めますが、結局は、「浅い」ものに陥りがちです。それよりも、多面的にものごとをとらえる「中庸」こそが本質を突いていて、だからこそ「深さ」をもたらすのです。

なんらかの意見表明をしたり、決定を下す際には、この「中庸」を意識することで、浅はかな結果に陥ることを避けることができます。

深みのある「中庸」を身につける習慣

深い話、深い意見というのは、極論ではなく、中庸の感覚がもたらすものです。

ただ、絶妙のバランスである中庸の感覚はすぐに身につくものでもありません。

自分の意見、ひとつの見方に固執せず、別の視点からはどう見えるのだろうかと常に思考し、多くの人の話を聞く柔軟な姿勢が大切です。

特に、自分の意見などを表明しなければならないときは、一度、自分の考えがまとまったところで思考を終わりにするのではなく、いったん自分の考えは脇に置いておき、そこからまた別の人の意見を聞いたり、別の考えを調べたりするという行動を習慣にしてください。

たとえば、このような例を考えてみましょう。

最近の大学入試においては、これまでの一般入試だけではなく、AO入試（総合型選抜）という方式の入試も増えてきました。これは、高校の成績や小論文、面接などによって受験生の合否を判定するものです。

このAO入試の枠が増えたことによって、一般入試の枠が減って、さらに難しくなったといわれることもあります。

そこで、「一般入試の人は狭き門を苦労してくぐり抜けたが、AO入試の人は楽をして入学した」と考える人もいます。

しかし、もしそのように考えたとしても、「別の視点から見たらどうなのだろう？」と、いったん自分の考えは留保してほしいのです。そして、実際にAO入試で大学に入った人に話を聞いてみるべきです。

私もどちらかといえば一般入試支持派ですが、決めつけは学生差別にもなりかねません。

話を聞けば、AO入試の人にも、高校時代に成績を上位で保たなければならなかったり、勉強以外の活動にも参加し、面接試験をうまく乗り越えなければならないといった、いろいろな苦労があることを知ることができます。

あるいは、スポーツや芸術・学問分野で全国的な実績を残したゆえに、合格している場合もあります。

つまり、「一般入試はがんばって勉強した人で、ＡＯ入試が楽をした人」という見方は偏ったものであることに気づき、「どちらにもそれぞれの苦労があって、一般入試の人だけがたいへんなのではない」という中庸のところに考え方が改まっていきます。

このように、常に自分の考えを固める前に、別の視点に触れるという行動を習慣化してください。


私は大学で、将来、教員になるような学生を教えており、教育実習の担当もしています。そうすると、たまに、実習に行った学生の行いや態度などについて、ちょっとしたクレームが実習校側から入ることもあります。

そのようなときも、私はすぐ学生を呼び出して注意するということはしません。

「学生が悪い」と決めつける前に、まずは、学生側の言い分をよく聞くようにしています。

特になんらかのトラブルの際には、双方の意見を聞くということが、薄っぺらな考えに陥らない基本です。

そうして学生に事実関係を確かめてみると、「ああ、ここで行き違ったんだな」というポイントが見えてくるものです。「学生はこういう意図だったが、学校側には違った意味に受け取られた」というふうにわかってくるのです。

結局、学生が全面的に悪いというわけでもなく、双方の誤解や意思疎通の欠如が原因だったのではないかという本質が見えてきます。

このように、自分の考えをまとめる前には、必ず別の視点からの意見を収集してみましょう。そうすることで得た別の見方を、偏っていた自分の意見に、うまく組み入れてちょうどいい「中庸」にまとめ上げる作業を日常的に行ってください。

こういったことが習慣化されると、浅はかな意見に陥らない、「技としての中庸」が身についていくはずです。

細部に着目すると本質が見えてくる

ものごとの本質をつかむためには、細部に着目するというのもひとつの方法です。「こんな細かいところをよく見ているね」と思われるような細部に着目するマニアックな視点によって、思考が深くなっていくということもあります。「神は細部に宿る」という言葉があるくらいで、細かいところにはさまざまな意味が込められている場合が多いものです。

その細部をじっくり観察し、そこに何か本質を見ることができれば、それはもう単にマニアックというのではなく、「深い」ということになります。

鉄道ファンの方たちはとても細かい知識をもっていて、テレビ番組などを見ていても驚かされることがよくあります。

些細なパーツの形状について、車両の型によって、〇型ではこうで、△型ではこう変わり、×型になるとこう変わる、と微妙な違いを指摘したりすることもあります。

単にその細かな形状の違いを指摘するだけなら、マニアックな視点というだけかもしれません。

しかしそこから、「なぜこのような変化をたどっているかというと、そこにはこのような社会事情があるのです」、「こうした変化の背景には、こういった鉄道会社の考えがあるのです」と本質的な部分にまで話が展開されると、「ああ、深いなぁ」と思わず納得させせられてしまいます。

たとえば、絵画を鑑賞する場合も、同様に細部にこだわってみてください。

細部の描き方や小さく書き込まれたものなどから、作者の心情や創作活動のテーマといった作家の本質に迫れるかもしれません。

もしそのような解説ができたとしたら、当然、深い話になるはずです。

このように、何かを見たり、聞いたりしても、その対象物の細部にとりあえず注目するということをやってみてください。これは、話を深くするいい方法だと思います。

細かなところにこだわって観察をすれば、そこに疑問や興味の対象が自然に生まれてきます。

「なぜだろう」、「なんてすばらしいんだ」、「ここに秘密があるのかもしれない」、そんな気づきをきっかけに思考を深めていき、本質にたどり着くことができれば、深い話と必ずなるはずです。

少なくとも「神は細部に宿る」方式は、思考を深くするトレーニングとして効果的なのは間違いありません。

考え抜く力が「本質」へと導いてくれる

深さの感覚がわかれば、その深い部分まで思考を重ね、本質を把握することができるようになります。

ただそこには、思考することを簡単にあきらめない、「考え抜く力」も必要となってきます。結局、深さというものは、思考を重ねていくことでしかたどり着けないという面もあるのです。

ある分野の専門家や職人など、その道を究めた人の話を聞いて、「深いなぁ」と感じたことは多くの人たちがあると思います。

これは、彼らの話が、それぞれの道で試行錯誤を繰り返し、考え抜いた末に見えてきた本質を明かしたものであるから深く感じるのです。考え抜いた先に、深い境地があるという典型といえます。

このように考え抜くことが深さにつながるというのは、クリエーターの仕事にもいえることです。

私は以前、コピーライターの杉山恒太郎さんと対談をしたことがあり、その著作も読んだことがあります。杉山さんは、「ピッカピカの一年生」や「セブンイレブンいい気分」といった名コピーを世に送り出した人です。

「ピッカピカの一年生」は、小学館の雑誌『小学一年生』の広告コピーですが、当初はなかなかいい案ができなかったそうです。「春が待ち遠しい一年生」などといったような案がありましたが、どれもどうもしっくりこなかったそうです。

ただ、杉山さんはプロですから、「これだ！」というものが出るまでは、考えることをやめません。そうして考え抜いた挙句、絞り出したのが、「ピッカピカの一年生」だったそうです。

このコピーはいまでも入学式のころには耳にしますし、さまざまな年代の人たちが口ずさむことができる名コピーとなっています。

杉山さんが安易なところで妥協せず、「これだ！」というものができるまで考え続けたからこそ生まれた名コピーといえます。

これが杉山さんではなく、考え抜くことのできない人だったら、「何かもの足りないなぁ」と感じていてもそこで妥協してしまって、すぐ忘れられるような平凡なコピーになっていたに違いありません。

やはり、考え抜くということが、人の心を動かす「深さ」を生むのです。

逆に、思考が重ねられていない、考え抜かれていない話が、浅い話ということもできます。

だからこそ、浅い話を聞いたときには、私たちは「もっと考えればいいのに」と話し手に対して思ったりもします。

浅い話をする「浅い人」と思われたくなければ、考え抜く力が必要なのです。

アイデアを練ったり、意見をまとめたり、提案をしようとする際は、思考することを簡単にあきらめないでください。「もっと思考を重ねられないだろうか」と、常にチャレンジをしましょう。それによって、本質が見えてきます。

しかし、ただ、「もっと、考えてください」と言われても、どのように思考していったらいいのかわからないという場合もあると思います。

そのようなときは、以下の3つをきっかけとして、考えを深めてみてはどうでしょう。

まず第一に、別の視点から見たらどうだろうか、という点を意識して、そこから思考を深める方法です。反対側から見たらどうだろうか。自分ではなく、相手はどう考えているのだろうか、などと別の視点になり代わってみることで思考を深めていくことができます。

第二に、「なぜだろう?」という疑問を原動力にして、思考を展開していくことも、いい取っ掛かりになるはずです。疑問に感じたことの答えを探すことで、次の疑問が生まれ、またその答えを探していくことで、さらに次の疑問が生まれ……と、どんどん思考が展開できるでしょう。

第三に、シミュレーションをしたり、予測をしたりすることで思考を展開していくこともひとつのきっかけになります。こう仮定するとこの先どうなるか、どんなことがこれから起こってくるのかなど、仮定と予測で思考を重ねながら考えを展開していくことができます。「もし○○だったら」方式は、やっていて楽しい思考トレーニングです。

どのように考えを深めたらいいかわからないという人は、まずは試しに、これらの方法をきっかけにしてみてください。それによって、簡単に思考をやめず、考え抜く姿勢が身につくようになります。

複雑さのなかにも深さはある

深さとは「具体的かつ本質的」なものにあると、この章の前半で述べました。とてもシンプルでわかりやすい表現でありながら、そこに本質が示されていると、それが深さとなって聞き手には伝わるという意味でした。

しかし、そのようなわかりやすさ、シンプルさとは対極の、難解さ、複雑さにも、深さを感じさせる力があることもたしかです。

たとえば、ガブリエル・ガルシア＝マルケスの著した長編小説『百年の孤独』などはその典型です。

この小説はとにかく複雑で難解で、まるで南米のジャングルのなかに迷い込んでしまったような、先の見えない感覚に読者は襲われます。現実のことなのか、空想のことなのかもよくわからない記述が続き、繰り返しの部分も多く、いろいろなエピソードが挟まれてくるのですが、その意味もなかなかとりづらいものです。いったいこの人たちはどこへ行こうとしているのか、この物語はどこへ向かっているのかもはっきりとしない、もやもやとした感覚の極致といえる小説です。

その一方でそれらは、複雑でわかりづらい一種独特の世界をつくっており、そこに私たちは深さを感じます。

ただあいまいで、言っていることがまったくわからないようだと、それは意味を成さず、何も伝わりません。しかし、さまざまな解釈が可能で、多様な読み方ができるというものに対しては、私たちはそこに深さを感じます。

「○○ワールド」というようなものを構築しているような複雑さ、難解さに、深さを感じる場合には、そこに解釈の多様性を許すような意味の広がりがあるのです。

ゲーテは自身の作品『ファウスト』について、『ゲーテとの対話』のなかで、この作品はどこかぼんやりとしていてつかみどころがなく、そこが人を惹きつけるのだろうといった趣旨のことを言っています。

論理的な文章であれば、意味が通じるように書きますが、詩などでは、意味が通るかは考えず、直感的に言葉を並べただけのものでも、読み手が勝手に意味を想像して、深さを感じ取ってくれるものだということも言っています。

つまり、「深さ」とは、発信者だけではなく、受け手が考え出しているものでもあるといえます。受け手が勝手に解釈に解釈を重ねて、感じ取っているという側面もあるのです。

ただし、そうした多様な解釈を可能にするテキストは誰もが書けるものではなく、それができるのが、文学者ということになります。

私たちが話す「深い話」では、このような複雑さをつくり上げることはなかなかないかもしれません。しかし、文章においてはこの種の深さがあり、だからこそ、そういった文学作品の世界観を楽しむことができるのでしょう。

第3章

深い人は「エピソード」をもっている

具体化する力が話を深くする

ここまでは、深い話をするために必要な「展開力」、「本質把握力」について述べてきましたが、ここからはもうひとつの必須な能力である「具体化力」について述べていこうと思います。

具体化力とは、エピソード力、提案力と言い換えてもいいものです。どんなに話が上手な人であっても、そこに具体性がまったくないと、聞き手の心にはなかなか届きません。

たとえば、ある学生さんが面接で、どのような学生生活だったかを尋ねられたとしましょう。そんなときに、

「勉強とサークル活動にいろいろと取り組んだ充実した4年間でした」などと答えたとしたら、聞いている人の心には何も残らないでしょう。このような漠然とした話は聞き流されてしまうはずです。

しかし、いろいろと取り組んだという「いろいろ」を具体的に話すことができれば、聞き手は話している人に関心をもつ可能性が出てきます。

勉強では、どのような分野に興味をもち、どういった研究をしたのか。サークル活動では、どのような体験をしたのか具体的に述べるべきです。そして、その具体的なエピソードがすばらしいものであれば、聞き手は心を動かされ、「深い話」だったと感じることになるのです。

どのようなエピソードをもちだせば深い話につながるのかは後述しますが、このように、具体性をもたせることが、まず中身の薄い、浅い話になることを防ぐ必須条件です。

エピソードをうまく入れることで、説得力をもたせ、深い話に展開していくことが可能になります。

また、アイデアを提案する力も、具体化する力のひとつです。たとえば、何かの新サービスのアイデアを検討している場があったとしましょう。そこでは抽象論をいくら述べあったとしても議論は深まっていきません。

「よりよい社会をつくることに貢献するサービスにしよう」、「DX化に対応したものであるべきだ」、「地球環境に配慮したサービスをつくろう」などと、抽象的で漠然としたイメージだけを並べていると、聞き手は薄っぺらな話という印象をもってしまいます。

「いったい、この人の意見はなんなのだろうか」、「何がやりたいんだろうか」とイライラしてしまうかもしれません。

それよりも、具体的なアイデア、新サービスの企画内容を述べるほうが、議論は本質へと近づき、深いものとなっていきます。

提案をしたり、エピソードを提示したりするような、話を具体化する力があると、そこをきっかけに、話を深い方向へと展開していく推進力になります。

しかし、具体化する力がないと、話をさらに展開することができず、抽象的でぼやっとした話にとどまってしまう場合もでてきます。

そうすると、「薄っぺらな話だなぁ」、「話している人自身もよくわかっていないないのではないだろうか」などといった印象さえ、聞き手に与えてしまうことになってしまうのです。

話を深くするエピソードとは何か

話のなかにエピソードを加えると、深い話になると前述しましたが、だからといって、やみくもに自分の体験、エピソードを語ればいいというものでもありません。話を深くするためには、それ相応のエピソードが必要で、これまでの体験からうまくそれらを抽出し、提示することが重要です。ピタッとはまれば、それまで「なんの変哲もない話」が、「深い話」へと一変します。

どのようなエピソードが深い話を生むのか。それは、「自分が変容したエピソード」になります。自分のなかの何かが変わったというエピソードは、深い話になりやすいのです。

逆に、「昨日、ネットで見たんですけど……」という話が浅い話の典型ともいえるでしょう。自分の体験でもないし、自分に何か変化をもたらすようなインパクトもなかった「ちょっとした話」です。情報として有益な場合もありますが、それだけだと深みに欠けます。

そういった話より、自分にとって何かの転機となった話は、聞き手に対して深い印象を与えます。

価値観が変わった、考え方が変わった、生き方が変わったなどという転機は、誰にでも多少はあるのではないでしょうか。そういった変化の背景には、必ず「何か」があるものです。

そこをエピソードとともにうまく伝えられれば、聞いている人の深い部分を刺激することができます。仮に、ネットで見た動画であっても、その動画によって「気づき」が生まれ、自分のなかで何かが変容したのであれば、それは変容体験エピソードということもできます。

話し手の「自分が変わった」という話は、それを聞く相手にもなんらかの変化をもたらしやすいものなのです。

たとえば、ある学生さんが面接で、自分の運動部での活動を話しているとしましょう。

「入学当初は記録も伸びませんでしたが、高校2年生のころからしっかり練習に取り組むようになり、3年生のときには地区大会で優勝するまでに記録が伸びました。懸命に努力すれば、必ず結果が出るということを身をもって知りました」

と、このように述べたとしましょう。たぶんこれを聞いても、言われたほうとしては、「そうなんですね」と感じるくらいで、あまり心は動かされないでしょう。

しかし、ここにエピソードを加えると、聞いているほうの受け取り方も変わってきます。

「入学当初は部活にも身が入らず、記録も伸びませんでしたが、高校2年生のころから、練習への取り組み方が変わりました。その転機となったのが、父の入院でした。父はよく私に、『時間をおろそかにするな』と言っていましたが、本人もその言葉通り、常に手を抜かない元気な人でした。

しかし、その父が入院して、一日中、ベッドの上で過ごさざるを得なくなってしまいました。いま、父はどんな気持ちでいるのだろうと考えると、私もつらくてしかたありませんでした。

そして、父の『時間をおろそかにするな』という言葉を思い出し、これからは毎日の時間を、精一杯使い切るつもりで生活しようと考えるようになりました。

そのときから、日々の生活態度が大きく変わり、特に部活への取り組み方が変化しました。競技の成績もどんどん伸びていき、高校3年生になると、地区大会で優勝することもできました。

瞬間、瞬間を精一杯生きようと意識して生活することができれば、それだけで、大きな力をもたらしてくれるのだと、私はこのとき気づきました。また、父もそのことを私に教えたくて、以前から言っていたのだとわかりました」

少々ドラマ仕立てになりましたが、このようによくよく思い出してみると、変容のきっかけはあったはずなのです。

自分の深い部分が変化したときのエピソードや、そこから得た気づきを具体的に伝えると、最初の話よりは深化した話になります。また、発言者自身のイメージも、より深みを増します。

何か深い話をしたいと考えるのなら、まず、「自分が変わった」というエピソードにどのようなものがあるか、思いを巡らしてください。

具体的なものなら、小さな変化でもかまいません。

そしてそのエピソードを核として、どのような話ができるか考えてみてください。

事前にいくつかのエピソードと話の展開を準備しておけば、深い話をするときにとても役に立つはずです。

深い話になるエピソードの見つけ方

「自分が変わった」というエピソードをストックしておくことは、深い話をするときにたいへん役に立ちます。

ただ、これまでの経験のなかから、そういったエピソードを思い出してくることは、意識的に訓練をしないとなかなか難しいものです。

結局、自分の「体験の海」深くまで潜って、お目当てのエピソードを引き上げられる人が、深い話ができる人ということになります。

広い海のなかをやみくもに探してみても、目当てのものはなかなか探せません。一生懸命、思い出そうとしても、「自分が変わった経験？　何かあったはずなんだけど、思い出せないなぁ……」と感じる人もたくさんいることと思います。

そんなときは、「ベスト3方式」がお勧めです。探し出す手がかりとして、以下のようなきっかけをつくって考えてみてはどうでしょうか。


「人生で転機となった3つの出来事は?」、

「重要な出会いベスト3は?」、

「好きな本ベスト3は?」、

「感銘を受けた映画ベスト3は?」、

「忘れられない恩師、先輩の言葉ベスト3は?」、

「生まれてよかった、生きててよかったと思った体験ベスト3は?」、

「これまでの大失敗ベスト3は?」、

「人生の大きな決断ベスト3は?」、

……こういった問いを仮に立てて、それらに答えるつもりで、これまでの自分の経験をリサーチしてみてください。


すると、「この出会いが大きかった」、「この本で自分は変わった」、「この経験がいまの自分をつくっている」などということがいくつか見えてくるはずです。そう

したエピソードを収集し、なるべく多くストックしておきましょう。

ただ、ここで注意しておきたいのは、それらをそのままとっておくのではなく、ちょっとした機会にでも必ず誰かに話してみてほしいということです。

アウトプットを繰り返すことで、このエピソードはあまり響かなかった、このエピソードは相手に刺さったようだということが実際に確かめられますし、それによって、どういった話が深い話となって相手に伝わるのか、その精度が上がってくるのです。

話し慣れていない人が、たまたま話して深い話になるということは、あまりないものです。やはり、話し慣れている人のほうが、深い話をできる可能性が高まっていきます。

自分の体験エピソードを整理し、そこで満足するのではなく、ぜひ、それらを第三者に話す機会を重ねてください。

そして、「これは深い話につなげられる」というエピソードを20、30と自分のなかに増やしておくことが重要です。

「いいネタ」ができたら、文章として整理しておくことをお勧めします。SNSを利用してもいいでしょう。実際に話してみて、30秒から1分程度に収まる内容にまとめておくことがポイントです。

いい内容だったとしても、整理されておらず、だらだらと続くような話だと、聞き手に対するインパクトもなくなります。無駄な前置きなど、不必要な部分をうまく削ぎ落とすことがポイントです。

簡潔な話だったにもかかわらず、「とても深い！」というものが、もっとも聞き手にインパクトをもたらすはずです。

深さにつながるエピソードをいくつかストックしておくと、何かの発言を求められる場面で、そのときの文脈に合わせて、適当なエピソードを選び出して話すことができることも多くなります。

つまり、事前にきっちり準備しておかなくても、どのような場でも臨機応変に対応できるようになるということです。

そもそも、「何か深い話をしてください」、と求められて話すということはまずありません。会話の流れや、発言の場面に合わせて、人は話すものです。

状況に合わせて、「そういえば、こんなことがあったのですが……」と軽い入り方で話し始めながらも、聞いてみるととても深い話だったというのが、深い話の理想ではないでしょうか。

そのためにも、体験エピソードと、それをもとにした話のストックをできるだけ多くして、それをいつでも取り出せるようにしておくことが重要になります。

体験エピソードを探す際は、あまり深さを気にしすぎなくていいという点もつけ加えておきます。小さな変化であっても、リアルで具体的な「気づき」が、結果として相手の深い所に届くのです。

まずは、ご自身の体験を整理してみることを、みなさんにはお勧めします。

「判断力」をキーワードにすると深いエピソードが見つかる

自分の体験エピソードをストックすることの大切さは述べましたが、自分自身のエピソードだけに頼っていると、どこかで限界がくることもたしかです。聞き手の心を揺さぶるような深い体験は、無限にはありません。人ひとりの経験にも限度があるはずです。

そのため、自分自身のエピソードの整理をすると同時に、自分以外の人のエピソードについても、深い話へとつながりそうなものはストックしておくことをお勧めします。

第1章でも述べましたが、教養や知識として、古典はもちろんのこと、作家や学者など著名人の著作内容や名言などを自分のものにしておくことも重要です。これらは第三者の発言やエピソードですが、引用することで十分、話に深さを出すことができます。

また、著名人だけに限らず、自分がこれまでの人生で出会った普通の人たちのエピソード、見聞きした話でも、深い話につながるものはたくさんあるはずです。

ただ、「これまで出会った人たちのなかで、何か深いエピソードはないだろうか？」と思いを巡らせたとしても、漠然としすぎていて、なかなか思い出すことができないということもあります。

そのようなときは、私が大学で学生さんたちに出している以下のような課題を取り入れてみてはいかがでしょうか。

私は授業の冒頭の近況報告などの時間に、『「で、どうしたでしょう？」問題』をつくって発表してくださいと、よく学生さんたちに言っています。

『「で、どうしたでしょう？」問題』とは、先生や家族、友人など、自分以外の第三者が、ある状況下において、それにどのように対処したのかということを問題にして、みんなに問うものです。

たとえば、運動会の競技に棒倒しという種目がありますが、ある生徒が、敵方につかまれないよう、身体にローションを塗ってきました。結局、自分も手がぬるぬるして棒をつかめなかったのですが、そのとき、その場にいた先生は、「どうしたでしょうか?」（実話です）。これが、『「で、どうしたでしょう?」問題』です。

このとき先生にも、いろいろな対処の仕方があると思います。その生徒を競技のすぐあとに、家に帰らせてしまうということもあり得ますし、その場で生徒を追っかけて相撲をとって、自分もぬるぬるになって観客たちと盛り上がってしまうということもあるかもしれません。

いずれにしても、「で、どうするか」という場面で、その人のとった行動に人間性や深さが出ることがあるのです。

意外な結果、なるほどと感心するような行動をとったエピソードを思い出し、それを、「で、どうしたでしょう?」という問題にして、みんなに発表するというのが、この課題の主旨です。

この課題をこなそうと、これまでの体験から、誰かの判断力にかかわるエピソードを思い出そうとすることで、第三者の深いエピソードが収集できます。

結局、人の行動はすべて、何かしらの判断によって決まってきますが、その判断力が試されるような場面にこそ、その人の人間性や深さが出ることがあるからです。

「あのときの判断はすばらしかった」、「そんなふうに考えられるなんてすごいな」、「その手があるなんて思いもよらなかった」などと感じられるような、判断力にまつわる誰かのエピソードは、必ず深い話となります。

判断力をキーワードにして、いままでの記憶を振り返ることで、自分以外の誰かの深いエピソードを収集する助けとなるはずです。

実は誰もが、深いエピソードをもっている

たとえば、私が最近つくった『「で、どうしたでしょう?」問題』はこのようなものです。

これは、私が小学5年生のときのエピソードになります。同じクラスのある男の子が、欠席がちになり、ついにはほとんど学校に来なくなってしまいました。

ある日、授業中に先生はクラス全員に向かって、

「○○君が学校に来ない理由を知っていますか?」

と尋ねました。しかし、誰に聞いても、なぜ休んでいるのかその子の事情を知る生徒はいません。

困った先生は、「みんな、どうしようか?」と子どもたちに問いかけたまま思案

しています。

さて、考え込んだ先生は、このあと「どうしたでしょうか?」。

これが、私が自分の記憶から呼び起こした『「で、どうしたでしょう?」問題』です。

普通であれば、先生が家に電話をして、家族と話して状況を確認したり、その子と仲のいい子に、

「ちょっと、○○君の家に下校途中に寄って、様子をみてきてよ」

とお願いしたりするという対処の仕方かもしれません。これなら、多くの人も思いつくでしょう。

しかし、その当時の担任の先生は、意外な行動に出ました。今村先生という女性の先生でしたが、

「じゃあ、みなさん、これから○○君の家に行って、○○君を迎えに行きましょう」

と言って、授業をやめて校外に出て、みんなでその子の家にまで行ってしまったのです。

そして、その子の家の前まで着くと、全員で、「○○くーん」と大きな声で呼びました。すると、その子は家にいて、病気で寝込んでいるようでもなく、外に出てきました。

「なんで学校、来ないの、来なよ」

「みんなで迎えに来たよ」

「みんな待ってるよ。行こうよ」

と、みんなで口々に誘いました。そして結局、そのまま学校までその子を連れて行くことに成功したのでした。

いま思えばちょっと強引なやり方だったのかもしれませんが、その後、その子は毎日、学校に来るようになりました。

卒業の前に、彼は転校することになるのですが、転校するときに在校生に向けた手紙に、「あのとき、みんなで迎えに来てくれたことが本当にうれしかった」、「学校に行くようになって、みんなと遊べてとても楽しかった」というふうに書いてくれました。

いまの人から見たら、昭和の先生のやり方と思われるかもしれませんが、今村先生は、いま授業をして勉強することよりも、もっと大事なことがあるという判断をしたのだと思います。

放課後に自分だけその子の家に行くこともできますが、「クラス全員」で、「いま」行って、みんな待っているということを伝えるべきだと考えたのでしょう。先生の瞬発的な判断力によって、実際に、その子を変えることができたのでした。判断の「勇気」が愛ある行動を生んだのです。

この話のいいところは、自分以外の第三者である先生が主人公であるところです。

自分のいいエピソードばかりを言っていると、どうしても自慢話のように思われてしまうこともありますが、第三者がすごいという話であれば、聞いている人もそのすごさを自然に理解してくれますし、話自体も深いものだったと感じてもらいやすいという利点があります。

自分自身のエピソードを用意するだけではなく、第三者のエピソードも会話に織り交ぜられるよう、準備しておくことは効果的なのです。

実は、この私の小学5年生のころのエピソードは、学生さんたちに「で、どうしたでしょう?」という課題を出すまで、私もすっかり忘れていた話でした。学生さんたちに課題を説明するなかで見本を示す必要に迫られて、自分のこれまでの人生を思い返したときに出てきたものです。

このように私たちは、普段は忘れてしまっていますが、思った以上に、必ず誰もが深いエピソードにたくさん出会ってきています。

記憶をたどることをあきらめずに、『「で、どうしたでしょう?」問題』を利用して、エピソードを掘り起こしてみてください。

深い人がもっている「提案する力」

会議などの場で話し合っていると、「行き詰まる」という事態に陥ってしまうことがよくあります。

「誰かほかにいい案はないですか？」

と司会が発言を促しても、みんな腕組みをして黙り込んでしまうような状況です。

しかし、そのようなときにきまって、「このような案はどうでしょう」と新たな提案をできる人がいるものです。そして、その提案から、「そういう手もあったのか」と一気に議論が深まっていくということがあります。

考え抜かれたアイデアは、それをきっかけに議論全体を深めることに寄与します。

また、そのような提案ができる人自身も、思考力や発想力に長けた深い印象をまわりに与えるものです。

つまり、アイデアを出す力というものも、会話に深さをつくっていくときの武器となるのです。ただ、どんなものでもアイデアを提案すればいいということではありません。思考が重ねられた深いアイデアでないと、聞いている人の心を動かすことはできません。

考え抜かれたアイデアだからこそ、「そんな視点があったのか」、「それは斬新だね」、「ひねってあるね」と聞いている人の心を動かし、話し合いの中身が「煮詰まり」、深まっていくのです。

提案する力に優れている人は、ぱっと思いついてアイデアを出しているように見えても、実はその背後では、たくさんの思考を重ねているものです。

知り合いの編集者さんに聞いたのですが、本のカバーをデザインする有名なある装丁家さんは、とても多忙にしてらっしゃるのに、デザインを頼むと、必ずいろいろなタイプのデザイン案を7つから8つはつくってくれるそうです。

そして、「このなかからお好きなものを選んでください」と言うのではなく、「イチ押しはこれです」と明確に意見を述べられるそうです。候補の案も、どれが採用されてもおかしくないような高いレベルの仕上がりですが、イチ押しの案は、ほかの案があったからこそ生まれたような、さらにすばらしい出来栄えだといいます。

まさにこれが、プロフェッショナルの深さだと私は思います。ひとつ思いついた段階で、そのアイデアを提案したのではないということです。

「このようにもできる」、「あのようにもできる」とさまざまに提示することができ、そしてそのなかから、「これです」と明確に説明できるのがプロといえるでしょう。

「ちょっと思いついたから言ってみた」ということでは、たいていが浅いアイデアに陥ってしまうはずです。5つ考えた案のなかのひとつなのか、10考えたうちのひとつか、100考えたうちのひとつか、いずれにしても深いアイデアの背後には、たくさんの採用されないアイデアがあるものなのです。

これが、「なるほど、そんなところまで考えたのか」、「まったく気づかなかった考え方だ」といったインパクトを聞いている人に与えます。

たとえば、将棋で自分は3手先まで読んでいるときに、相手が5手先、10手先まで読んでいると知ったら、相手のことを「深いな」と感じるはずです。

トップ棋士の藤井聡太さんは、深い読みで知られています。伝説の一手「4一銀」は、人類には指せない一手とさえいわれています。

このように、自分の思考が及ばない先まで練られた案を前にすると、人はその案のみならず、提案者自身にも深さを感じるものなのです。特に、試行錯誤の過程などが垣間見えたりすると、深いという印象はさらに増幅されます。

みなさんも、提案力で深さを出したいと考えるのなら、最低でも3つから5つは候補の案を考えてから、ひとつに絞って提案するようにしてください。

そして、ひとつの提案をする際にも、その案に至るまでに、いくつもの案があり、その検証を経た結果、この案こそが優れているという点をプレゼンでも述べることが効果的です。

このようなことを習慣化できれば、何かの提案を求められるような場では、必ずあなたの深さがまわりの人に伝わるようになるはずです。

見えないところで考えている深さ

アイデアの深さという点では、たいへん話題となった漫画『鬼滅の刃』はその典型でしょう。

公式ファンブックのような書籍が出ていますが、それを見ると、漫画やアニメでは描かれていない背景について、非常に細かく設定されていることに気づかされます。たとえば、主人公の竈門炭治郎《かまどたんじろう》は石頭なのですが、それは母親譲りで母も頭が固かったなどというふうに書かれています。

このようなキャラクターの背景を、主役はもちろんですが端役に対してまで、すべて細かく考えられているというところに驚かされます。このことが、作品世界の深さを醸し出し、ファンを魅了しているひとつの理由でもあるのです。

細かな背景が考え抜かれたうえで、ストーリーは展開されていきますが、漫画やアニメではそのすべては当然、描かれません。作品として実際に描かれるのは、膨大な作品世界のうちの一部なのです。

そのため、エピソード0といったような続編の展開も可能になります。劇場公開されたたいへんヒットした『劇場版「鬼滅の刃」無限列車編』に登場した重要なキャラクターに煉獄《れんごく》杏寿郎《きょうじゅろう》がいますが、彼の若かりしころを描いたスピンオフ作品も多くのファンを獲得しています。

これは、「スターウォーズ方式」といってもいいものだと思います。エピソード4からスタートして、5、6とつくられ、そのあと時系列をさかのぼってエピソード1〜3をつくり、また、先に進んでエピソード7からストーリーを展開したのが『スターウォーズ』でした。

このように、「いまこうなっているのは、こういった歴史があるからだ」という、ストーリーの奥行がそこにはあります。

とってつけたように、いま話を展開しているのではなく、そこにはそうなる背景があるという深さです。前作では不可解であったり、取るに足らないようなシーンだったものが、それはこういった過去があったからなのか、と次の作品を見ることによって、さまざまな伏線や疑問がひとつのストーリーにつながっていく。この作品世界の奥深さに、ファンもついていくのです。

宮崎駿監督の名作、『もののけ姫』にも同様のことがいえるでしょう。以前、美輪明宏さんから聞いた話ですが、美輪さんは『もののけ姫』に登場する犬神である「モロの君」の声を担当なさいました。物語には「乙事主《おっことぬし》」という巨大な白い猪神も登場するのですが、この二人がどういう関係なのか、美輪さんは宮崎監督に聞いたことがあったそうです。

すると監督は、「この二人は、昔、いい仲だったんだ」と即答したそうです。つまり宮崎監督は、この時点まで美輪さんには伝えていませんでしたが、すでにそのようなキャラクター設定を以前からしていたということです。

このように、優れたつくり手の人たちは、普通に見えているものの何倍、何十倍ものことを考えているものなのです。

漫画『スラムダンク』は、映画化される際、主人公ではない宮城リョータの人生が重要な軸とされました。漫画には描かれなかった人生が、これほどの厚みをもつとは驚きでした。井上雄彦さんの深みを、あらためてそこに感じました。

現代はネットの普及もあり、私たちは日々、大量の情報にさらされています。それらは、自分にはさほど影響を与えない浅い情報がほとんどのように思われることもあるでしょう。

しかし、人々の心をつかみ、流行を起こすようなものは、実はいま述べてきたような深みのあるものということができます。そしてその深みとは、思考が重ねられることによって生まれる深さでもあります。

一流のクリエーターたちのように、私たちがアイデアを構築することはなかなか難しいかもしれませんが、手本とすることだったらできるはずです。

何かの提案などをする際は、自身のアイデアにとことんこだわってみてください。細部や背景を思考し続けてみてください。それが、提案を深くするはずです。

提案することをミッションにすると思考が深くなる

常に、具体的なものを提案するということを、自分のミッションとして生活していると、思考力が深まっていくという利点があります。

議論をすることも大切ですが、具体的なものが何か提案されなければ、話し合いは深まっていきません。やはり、提案する力、具体化する力こそが、話を深くしていく原動力なのです。

会議の場はもちろん、ちょっとした雑談や相談事においても、何かの案が求められるような場面では、常に、「具体的にはどうしたらいいの？」、「何か具体案を出してください」、「具体的なエピソードはないですか？」と自分が問われているつもりで過ごしてみてください。

すると、まず、本質をつかむ能力が鍛えられてきます。第2章でも述べましたが、本質をつかむということは深い話をする大事な条件でした。その本質把握力が向上していきます。

たとえば、何かのトラブルについて相談されたとしましょう。その話を、「それはたいへんだったね」と傾聴することも、話し手に寄り添うという意味ではとても意味のあることだと思います。

話している人は、困難な状況を聞いてもらうだけでも気持ちが楽になるということがあるはずです。

ただ、相手が聞いてもらいたいだけではなく、なんらかの解決策も必要としているような場合は、話に耳を傾けるだけではなく、具体的な対処案を提示しようと努力することにも意味があります。

常に具体的なものを提示しようと自分に課していれば、そのようなときに、「たいへんだったね」と慰めるだけで会話は終わりません。なんらかのアドバイスを提示するために、頭はフル回転で思考することになります。

的確なアドバイスをするためには、まず、そのトラブルの本質をつかまなければなりません。いろいろな要素がからみ合うなかで、解決すべき本質がなんなのか。そしてそのために、どこから優先的に対処するべきなのか。

そこがわかってこそ、具体的に、「このようにしたらどうでしょう」と解決策を明示できるのです。つまり、具体案を出そうとすれば、自然と事の本質をつかまなければならず、その把握力が鍛えられるのです。

これはトラブル解決の場合だけではなく、一般的な何かのアイデアを求められる場でも同じです。そのアイデアが求められている理由や本質がつかめないと、ピントはずれの提案になってしまいます。

業務改善案、売り上げ倍増案、コストカット案など、その目的に合わせて、背景にある本質の部分までつかんでいないと、的を射た提案にはならないはずです。

雑談においても、「具体的」を心がけることは重要です。

よく、久しぶりに会った知り合いから、

「最近どうですか?」

という問いかけがありますが、このようなときも、常に具体的なものを提示しようと自分に課していると、

「はい、元気にやってますよ」

などという漠然とした答えでは終わらないでしょう。

「最近どうですか?」という問いの本質は、「あなたの近況を説明する何か面白いエピソードはないですか?」という意味でもあります。

その本質の部分をくみ取って、相手が興味をもってくれそうな近況エピソードを頭をフルに使って用意できればコミュニケーションとしては大成功です。

「元気にやってますよ。今年の春から○○をやっていて、最近では……」

などと相手が食いつくようなエピソードを話せれば、会話は深くなり、互いの距離も近くなります。

このように常に、具体的に提示する、具体案を出すということを自分に課してい

ると、本質をつかまなければならず、自然と本質把握力が上がっていきます。

また、本質を把握し、それに対応して具体案をつくるという作業は、あなたの思考自体もどんどん深くしていくことになります。

みなさんも常に、提案すること、具体化することを自分に課して生活をしてみてください。それが習慣化されると、あなたの思考は深まり、話も自然に上っ面だけのものではなく、深いものになっていくはずです。

「発問力」で思考を深める

私たち教育関係者が使う言葉に、「発問《はつもん》」という言葉があります。これは、授業で重要になる問いかけ、授業を進行するうえで柱になるような問いかけのことを意味しています。

一方、質問とは、「この本をどこで買いましたか？」、「コロンブスが新大陸を発見したのは西暦何年ですか？」といったようなもので、明確なひとつの答えがある問いかけになります。たとえば、本を買ったのは「駅前の書店」、コロンブスの新大陸発見は「１４９２年」と知っている人なら即答できます。

しかし、発問とは、この章の前半で述べた「『で、どうしたでしょう？』という問題をつくるとしたら、思い出す経験はなんですか？」といったような問いかけになります。

つまり、すぐに答えられるようなものではなく、相手に頭をフル稼働させるような問いかけになります。

「自分にもそんな経験がなかったかなぁ」と、一生懸命、記憶をたどったり、思考をしないと答えられないような問いかけです。

この発問を上手に使えるようになると、思考をより深めていくことができるようになります。

たとえば、アイデアを出すための会議などで、なかなか新しい案が出ず、行き詰まってしまうことがあります。

そのようなときに、

「思い切ってここからは、ターゲットを60代の人に絞って考えてみませんか？」

といったふうな問いかけをしたとしましょう。

すると、ちょっと目先が変わることで、それまで停滞していたアイデア出しが再スタートして、新たな発想が生まれるということがあるものです。

このような問いかけは、まさに発問といえます。

私はＮＨＫ　Ｅテレの番組『にほんごであそぼ』の総合指導として制作にかかわっていますが、そこでも企画を出すための会議があります。そのような場で、

「一度、日本を外して考えてみませんか？」

などと言われたら、

「それなら思いきって宇宙を舞台にしましょう」

といった意外性のある案も出るかもしれません。

このように、聞き手に対して思考を促し、発想の転換ももたらすのが、発問になります。

「なんでもいいから案を考えてください」、「とにかくいいアイデアを出してください」と言われても、なかなか考えづらいという面があります。

しかし、「ターゲットを絞って考えてみる」、「とにかく人手のかからない方法を考えてみる」……などのように、なんらかの条件設定をして「縛りをかける」と思考が深まっていきやすいのです。

このような思考のきっかけとなるような発問がうまく使えると、話し合いの場などでも、出席している人たちの思考を深い方向へと導いていくことができます。組織の管理者であれば、ミーティングや日ごろのコミュニケーションなどでも発問力を駆使して、個々のメンバーの思考力を引き出し、チーム力を最大に伸ばすことができるはずです。

また、自分自身の意見を深めたいという場合でも、もちろん発問は使えます。アイデアを考えていて行き詰まってしまったら、「ここからは売り上げアップという点に絞って考えてみよう」、「もう少し長い3年スパンで利益を考えてみよう」などと、新たな思考を促す発問を考えて、自問すればいいのです。

ただ、いい発問をつくることも練習をしないとなかなか難しいものです。思考を促し、考えを深くしていく発問には条件があります。

そういった問いかけには、これまでの発想の転換となるような切り口があるものです。いままでの前提となっているものを洗い出し、それらをあえて外すような問いかけをつくるようにしてください。

新たな視点から考えられたアイデアは、そのままでは使えないこともありますが、そこから得たヒントは、現実のアイデアに生かせることが多いものです。

新たな思考のきっかけとなるような発問を考えられるようになると、自分や、まわりの人の考えを深めていくことができます。

意外性も深さである

この章ではここまで、深さをつくる具体化力、提案力について述べてきました。ちょっとしたエピソードが、話に深さを与えるのですが、あまりその「深さ」にこだわってしまうと、エピソードが思いつかなくなってしまうということも、この章の最後で述べておこうと思います。

魂を揺さぶるような、涙があふれる感動のエピソードなどたくさんないということです。

自分やそのまわりの人たちの生活も、それほどドラマチックなものではありません。常に、聞いている人の魂を深く揺さぶるような話をする人がいたとしたら、そのほうが怪しいですよね。

ですから、深いエピソードのハードルをあまり上げ過ぎず、話に使えそうなエピソードのストライクゾーンを少し広くして準備することをお勧めします。

感動的なエピソードだけではなく、「なるほど」と聞いている人が感じて、その場が盛り上がるような話を目指していくことでも、自然と話は深くなります。

魂を揺さぶる普遍的なテーマ、深遠な意味が込められた話はもちろん深いものですが、深さはそれだけではないということです。

話を聞いて、「だから、何?」と思われてしまうのが、何も得るものがない浅い話です。これは相手の心をまったく動かしません。

一方、感動的な深さはなかったとしても、「へー、なるほど!」と感じる話であれば、それは聞き手に気づきをもたらし、相手の心を動かした深い話といえます。

たとえば、ある中学の英語の先生にまつわる次のようなエピソードがあります。

授業の一環で、英語劇を生徒たちに演じてもらおうと提案したのですが、生徒たちが猛反対したというのです。

みんなの前で演技をする、それも英語でするなんて恥ずかしくてできないと生徒たちは主張したそうです。たしかに、年ごろの中学生なら、恥ずかしいと思うのも理解できます。

そこで、この先生はどうしたか。人形を用意してきて、この英語劇を人形劇にしてしまったそうです。

すると、生徒たちもみんなの前に顔を出さなくていいので、恥ずかしさも減り、無事、英語で人形劇を演じることができたそうです。

私はこの話を聞いて、「ほぉー、なるほど!」と思わず感心してしまいました。人形劇にするという発想の転換で、しっかり生徒たちには英語で演じることをさせてしまった先生の工夫はたいしたものです。

こういったエピソードは、感動するようなエピソードではありませんが、意外性があって、それが聞き手の心を動かします。

「へー、そんなやり方があったか」、「なるほど、背景にはそんな事情があるのか」、といったような意外性のある話は聞き手に気づきをもたらすものです。そして、その気づきが、相手の心を動かします。

感動的な深さばかりにこだわらなくても、意外性に着目すれば、聞いている人の心を動かすことは十分できるのです。

「すばらしい話をしよう」、「すばらしいエピソードを準備しよう」とあまり気負わず、ちょっとした意外なエピソードも含めて、話せるエピソードを増やしておくほうが会話を深くすることには役立ちます。

第４章

「あの人は深い」と言われる話し方の技術

なぜか「深い人」の口癖

　ここからは最終章として、より実践的な技術に焦点を当てて述べていこうと思います。

「深さ」を聞き手に感じてもらうためには、これまで本書で述べてきたポイントを押さえて話の中身を構築することが大切ですが、さらにそこに、ある種の話し方の技術が加わることで、より聞き手の心に深さを伝えることができます。

　まず、話を深くするフレーズについてご紹介します。私もよく使う言葉ですが、このフレーズを口癖とすることで、自然に深い話となって聞き手に伝わります。

　深い話をするために必要な3つの能力については前述してきましたが、そのひとつが第2章で触れた「本質把握力」でした。

ピントはずれの話や、掘り下げ方の甘い話は、「浅い」と聞き手に思われてしまいます。つまり、話すべき題材の本質を提示しないと、深い話にはならないということでした。

もうひとつ、深い話をするために必要な能力に、「具体化力」があります。抽象論に終始している場合も、聞いている人には薄っぺらな話と受け止められてしまいます。具体的な案や、エピソードを話に加えることで、深さを出していくことができます。

この2つの要素、「本質」と「具体性」を話に盛り込めれば、中身のない浅い話に終わることは避けられ、話に深みを出すことができます。

図を使って見てみましょう。次ページの図のように、縦軸を具体性とし、上にいくほど具体的で、下にいけば抽象的とします。

横軸は本質性を表し、右にいくほど本質的。左にいけば非本質的とします。

この図で示す右上の領域が、具体的かつ本質的なゾーンで、まさにそれが深い話

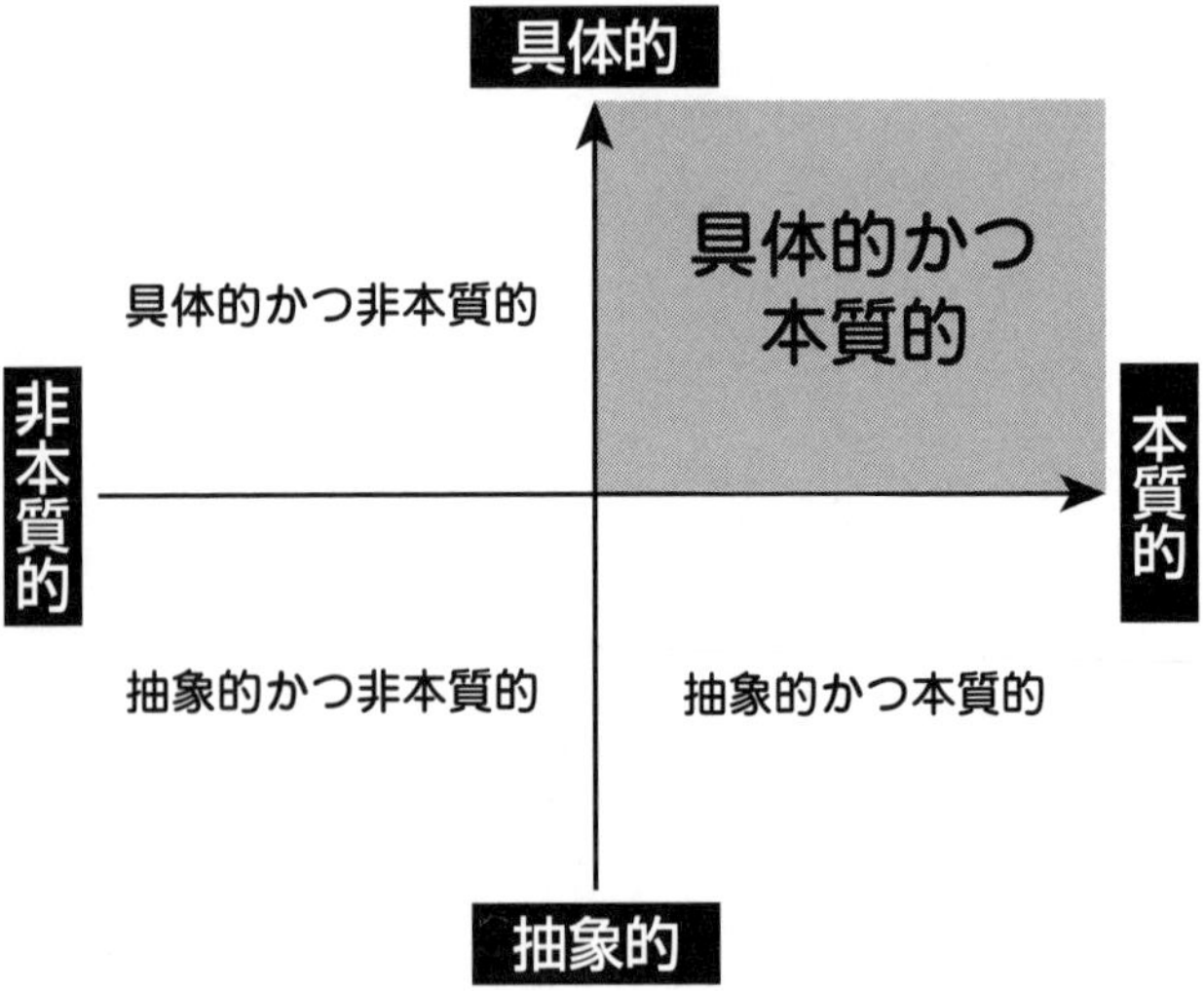

となります。

一方で、左下の領域である抽象的かつ非本質的という話がもっとも意味のない浅い話となります。それ以外の、抽象的だが本質的、具体的だが非本質的という話も、それなりの話になるかもしれませんが、聞き手の心を動かすような話にはなかなかならないでしょう。

深い話をしたいと考えるのなら、まず、この図の右上の領域である「具体的かつ本質的」な話を目指せばいいのです。

そして、それを実践するのに役立つ

のが、「本質的には……」、「具体的には……」という言葉をセットで口癖にしてしまうということです。

まず、「本質」と「具体的」というワードが話のなかに入ることで、目に見えている部分（具体性）だけに終始するのではなく、その背後の部分（本質）も同時に示すことができ、話の奥行きを強調することができます。

結局、その奥行きが、聞き手には話の深さとして伝わるのです。見えている部分はこうですが、実はその背後にはこのようなことがあります、という奥行きです。

具体的な話から始めて本質的にはこうであると示したり、本質的な部分から始めて、だから具体的にはこういうことですと展開したり、具体性と本質を行き来することで話の奥行きは強調されます。

「……データ分析などの結果、本質的な問題は売り上げの減少にあることがわかりました。ですから、具体案として以下のような増売策を考えました……」

「……真っ先に取り組むべき具体策として、このようなコストカット案を考えました。なぜなら本質的な問題は利益を生みづらい構造にあるからです……」

などと展開することで、深さを強調することができます。

私も、「具体的かつ本質的に言うと……」というフレーズをよく使います。この言葉は、ある意味、話をあいまいなものに終わらせず、具体的で本質を突いた話をするように自分に課す言葉ともいえます。

必然的に、述べるべき題材、求められている話の本質を探り当て、それに対応する具体性を考案しなければなりません。そのため、どんどん思考が深まっていくという効果もあります。

このフレーズを口癖にしてしまえば、常に浅い話にはならなくてすむはずです。

「スリーステップ論法」が話を深くする

私たちは、なんらかの「プロ」と呼ばれる人たちの発言には、深さを感じやすいものです。その道を究めた職人や、プロのアスリートたちなど、彼らのふとした発言に、思わず「深いなぁ」と感じてしまうことがあります。

これは、彼らのようなその道の専門家が、私たちの想像の及ばないところまで思考し、探究しているという経緯が発言から垣間見られるからなのでしょう。

こんなところまで考えているのか。そのような部分にこだわって技を究めているのか。そして、そのような探究を続けると、こんな世界が広がっているのか。そういった深さが、私たちの心を動かすのです。

ＮＨＫの『プロフェッショナル　仕事の流儀』というテレビ番組がありますが、

これもそのような深さに焦点を当てたものといっていいでしょう。

各界のプロフェッショナルな人たちを取り上げ、その人たちがどのような仕事をしているか、その舞台裏を見せる番組です。

ここでもやはり、視聴者を引きつけるのは、「プロフェッショナルな人は、こんなところまで考えているのか」という驚きです。目に見えているひとつの仕事の裏には、これだけたくさんのことが考えられているのか、とそこに深さを感じます。

このような、「表面に見えていることの奥に、私たちの想像も及ばない、こんな意図や工夫がある」という話の展開は、聞き手に深さを伝えられる手っ取り早い方法でもあります。

私たちが話す際にも、このような話の展開を取り入れられれば、深さを強調することができます。

まず、「表面に見えているのはこうです」と提示してから、相手の知らないような事実を、「実は、その奥はこうなっています」、「さらに、奥はこうなっています」と展開するのです。

私はこれを「スリーステップ論法」と呼んでいます。

たとえば、とても感銘を受けた映画について、誰かに話そうとしている場合を考えてみましょう。

まず、表面に見えている部分として、「この映画はこういう映画で、とても面白いですよ」と中身を紹介します。これだけでもひとつの情報として話は成り立ちますが、そのままでは話は深くなりません。

そこで、「実はこの映画、本来は○○になるはずだったのが、制作者のこだわりで△△になったんですよ」などと、聞き手の知らないような奥の部分の話を展開します。

そして仕上げに、「さらに言えば、この映画がヒットしているのは××がポイントなんですよ」ともう一段深いところに踏み込みます。

まず、聞き手が興味をもってくれる題材を選ぶ能力も必要ですが、それを選んだら、聞き手に紹介するという段階が「ホップ」です。

そして紹介したあとに、「実は、その背景にはこういうことがあります」と掘り下げるのが「ステップ」。

そこから、「さらに、その奥はこうなっています」ともう一段深く入るのが「ジャンプ」です。

このように「ホップ」、「ステップ」、「ジャンプ」の3段階で展開されると、聞いているほうも、「なるほどね」と深さを感じやすいものです。

一方、これが5段階にまでなってしまうと、聞き手はお腹いっぱいで、「それ以上はもういい」、「マニアック過ぎて興味がもてない」という反応になってきます。

私もよく授業で失敗するのですが、つい自分の話にのめり込んで5段階、6段階まで話してしまって、気づくと学生さんたちが誰もついてきていないということがあります。

深く入り過ぎると誰もついてこれなくなりますので、日常的な話であれば3段階くらいがちょうどいいところです。

その3つのステップを、「実はこう」、「さらにこう」、「そのまた奥がこう」とテンポよく短時間にまとめて話すことがポイントです。

もたついてしまうと、「面白いんだけど、あの人の話は長いんだよな」という印象になってしまいます。それではあまりにもったいないですから、せいぜい全体を1分間程度の話にまとめて、「キレがあって深い」と受け取られるような話を目指してください。

「浅い話」というのは、聞いたあとに、「だから、何？」という感想を聞き手側にもたらします。テレビ的な言い方をすれば、「で、オチはないの？」という反応です。

しかし、このスリーステップ論法ができるようになると、常に話に仕掛けが用意されているので、そのような事態に陥ることは避けられます。

これは、フォーマットを踏襲すればいいものですから、誰にでもできる話し方の技術といっていいでしょう。

自ら進んで沼にはまってみる

前項で述べたようなスリーステップの話し方をするためには、3段階で話を展開していくだけの深い情報や知識がないと行うことは難しいものです。そのため、そのネタを収集するための準備が必要になってきます。

私がお勧めしたいのは、最近の言葉で言えば、「沼にはまる」ということです。何か興味のわくものがあったら、そこに一時でもいいので、自ら進んではまってみましょう。

夢中になって、いろいろ調べてみると、「こんな深い意図があったのか」と感動することも多いはずです。

そういった情報をいくつかもっていれば、深い話をすることは可能になります。

一流のクリエーターやアスリートなどのプロフェッショナルな人の話には専門的な深さがありますが、そのような技術をもっていなかったとしても、「沼にはまる」くらいのマニア的な詳しさがあれば十分、深い話をすることは可能なのです。

最近はインターネット環境も充実してきているので、「沼にはまる」ことも、あまり時間をかけずにできるようになりました。短期間でも集中してネットを駆使したら、相当詳しくなることができます。

以前なら、図書館にこもって関連資料を読み漁ったり、関係者の話をじかに聞かなければわからなかったことが、端末さえあれば瞬時に調べられます。

自分自身が特別なプロフェッショナルにならなくても、簡単にプロに近い情報にアクセスできる環境を十分に利用して、さまざまな深掘り情報をストックしてください。

私はちょっと興味のある情報があると、それに関連してYouTubeなどの動画を10個、20個、1日で見てしまいます。

すると、あっという間に、ちょっと好きであるなんてレベルを通り越して、かなり詳しくなることができます。

以前、歌手の幾田りら（ikura）さんのことを調べたくて、『THE FIRST TAKE』という、歌唱を編集なしで一発撮りした動画を見て、そのすばらしさに感動したことがありました。

すると今度は、その歌唱を解説するさまざまな動画が存在することにも気づきます。そこでは、その幾田さんの歌い方の細部にわたって、さまざまな分析がなされているのです。それも、その道の専門家の人たちが解説しているものも多く、それらを見ることで、幾田さんの歌唱力のすごさがよくわかり、その深さを実感することができます。

こうした解説動画のよさは、解説者たちが、その解説対象に感動していることがひしひしと伝わってくることです。

発言者が感動していて、それを素直に情熱として伝えてくれるから、見ているほうもそれを受け入れることができます。

一般的に、批評家というと、「ここはいいけど、ここがちょっとよくないよね」と、上から目線で言ってしまいがちです。ところが、動画解説者の方たちには、ファン目線で「ここがすばらしい！」と肯定的な評価をする人が多いので、見ているファンの立場としても受け入れやすく、動画を見るだけで、特定のテーマについて速習が可能になります。

YouTube などでは、動画画面の下にコメント欄がありますが、ここも深い情報を得るにはたいへん役に立ちます。

熱狂的なファンの書き込みも多いので、それを読むことで、さらに一段と深い知識や情報を得ることができるのです。

動画サイトに限らず、インターネットを駆使すれば、このように２、３日もあれば、すぐにそのテーマのマニアになることは可能です。

日常のなかでも、「すばらしいな」、「不思議だな」、「面白いな」とちょっとでも興味がわくものがあったら、それをそのままにしておくのではなく、時間の許す限り、ネットで沼にはまってみましょう。

動画サイトなどをネットサーフィンしていると、一見、浅いところを流し読みしているように思われがちですが、実はそのようなことはありません。

専門家がとても丁寧に、細部にわたって説明しているものも多く、深い情報を体系的に入手できます。

こうして常に情報収集をしていれば、話が「一の矢」で終わることはなくなります。「一の矢」だけで相手が食いついてこなかったとしても、「二の矢」、「三の矢」を放てるくらいの情報を準備できるはずです。

会議で「あの人の意見は深い」と一目置かれる発言

会議などの話し合いの場で、意見を求められて、大したことが言えず、「なんで、もっといいことが言えなかったんだ」とあとになって落ち込んだことがある人は意外に多いのではないでしょうか。

また、逆に、会議で他人の中身のない発言を長々と聞かされて、うんざりしたことがある人もたくさんいると思います。

明確な意見や主張もなく、ダラダラと続く発言や、これまでの議論をただ繰り返すだけの新味のない発言、本題からずれた方向に展開していく発言などは聞いていても得るものがなく、議論の発展にも役立ちません。

できることなら、そういった中身のない浅い発言にはならず、「あの人の意見は深い」と一目置かれるような発言を、会議などの場ではしたいものです。

まず、会議での深い発言とはどのようなものなのでしょうか。

私は、会議の場にいる人たちの心を動かし、議論も動かすような発言こそ、「深い発言」だと考えています。

逆に、「浅い発言」とは、その場にいる人の心を動かしません。したがって、議論にも何も影響を与えないものです。

議論を動かす深い発言とは、具体的にいうと、「角度のある発言」になります。会議の出席者たちがこれまでもっていた視点とは別の視点を提供し、既存の見方から角度をつけた発言になります。その角度が聞き手の心に刺されば、議論を動かすことも可能になります。

「これまでコストばかりを意識していましたが、ここからは、お客様の立場を第一にアイデアを考え直しませんか」

「いままで、斬新さにこだわって考えてきましたが、弊社を代表するヒット商品の

○○を検証し、弊社らしさを軸にしてあらためて新商品を考えてみてはどうでしょう」

このような発言は、ひとつのテーマに、別の角度から光を当てるようなもので、「なるほど、そんな見方もあるな」、「その方向でもう一度考えてみよう」などと聞き手の心を動かし、議論そのものを動かすことがあります。

こうした発言をするためにはまず、議論の前提となっている条件や考え方をそのまま受け入れるのではなく、常に別の視点がないか考える姿勢が大切です。前提条件を疑って、その逆や、それをずらした視点を探ってください。

特に、みんなが知らぬ間に思い込んでいるような前提や考え方に気づくことができたら、それは新しい視点のヒントになるでしょう。

「予見性のある意見」は深い

もうひとつ、会議の場で深い発言といえるのは、「予見性のある発言」です。これは、先を読んで、それを盛り込んだ発言ということになります。

予想外のことが起こって、それに慌てている人を見ると、そんなことも想定していなかったのかと、その視野の狭さや浅さみたいなものを感じてがっかりしてしまうことがあります。

一方で、これを実行したら、このような影響が考えられ、そうなったときにはこのようにするべきだ、とそこまで想定して対処ができている人には、深さを感じるものです。

私がよく、仕事のメンバーたちとメールで会議をしているということは第1章でも述べましたが、そのメンバーたちは、この先を想定した発言をすることがとても上手で、いつも私は感心しています。

　たとえば、何かの事案を決定しなければならず、その決裁を私に仰ぐ必要があったとしましょう。

　そのようなとき彼らは、まず、考えられる決断として、いくつの方向性があるのか、それを整理してくれます。仮に、ＡＢＣの３つの選択肢があったとしたら、まずそれを明示してくれます。

　そして、Ａ案を選んだとしたら、それによって起こるこのような影響が考えられ、それに対しては、このような対処が考えられる。同様に、Ｂ案の場合はこう……、Ｃ案の場合はこう……と３つの案に対してそれぞれ、３つの影響、それに対する３つの対策といったふうに整理してメールで意見を述べてくれます。

　ここまで先のことを織り込み済みにして意見を言ってくれると、なんとなく相談をされるのとはまったく違って、こちらも「この案で行きましょう！」と決断をしやすいものです。

また、具体的な方法3つ、その影響3つ、それへの対処法3つとそこまで考えてある意見を聞けば、当然、「深いなぁ」と感じるものです。結局、深いと感じるのは、「頭を使っている形跡」が見て取れるときなのです。

当然、先の先までシミュレーションができている意見には、「よく考えているなぁ」と深さを感じてしまうものです。

会議などでなんらかの発言をする際は、この予見する力を駆使して、他の人たちが気づいていないようなその先の影響や、それに対する対処などを盛り込んだ発言をしてみましょう。

これも、間違いなく会議での「深い発言」になるはずです。聞いている人も、「よくそこまで考えたなぁ」と感心してくれるでしょう。

このような発言を繰り返していると、そのうち、「そうだ、○○さんの意見を聞いてみよう」と、まわりからも頼りにされることも多くなるはずです。

面接試験で深い受け答えをするには

面接試験の場でも、受験者の「深い発言」と「浅い発言」はあります。深い発言ができる人は、面接官の心を動かし、自分への関心を引くことができます。

一方、浅い発言の人は、面接官に関心をもたれることもなく、合格の可能性は低くなってしまいます。

では、面接における深い発言とはどのようなものか。それは、「自分自身を深く掘り下げた発言」ということになります。

私もよく面接官を務めることがあるのですが、

「そのときのあなたの考え、感情を聞かせてください」

と、つい言ってしまいたくなることがよくあります。

たとえば、

「5年間、『源氏物語』を研究しています。特に、○○というテーマについて研究しています」

と受験者が言ったとします。

しかし、面接官が本当に知りたいのは、「あなたが5年間も研究するくらい、『源氏物語』の魅力をどう感じているのか」という点なのです。

そのときあなたが何を考え、どう感じているのかという点が面接する側の知りたいことであり、それによって、受験者の人間性を知ろうとしているのです。

面接とは、受験にきたその人が、どのような人間なのかを知るために行うものです。

何をしてきたかという経歴や、実績のアピールであれば、事前に提出する書面を見れば容易にわかります。それよりも、これまでの行動の節目節目で何を感じ、どう考えてきたか、そして、志望するに至った考えはどのようなものなのかを面接する側は知りたいのです。

転職の面接などの場合も、

「これまでも他社で住宅販売の営業をやってきたので、その経験を生かして御社の住宅販売の仕事をしたい」

と、このように訴える人がいるかもしれません。

たしかにこれでも転職の面接の受け答えとしては成り立ってはいますが、やはりそこに、「自分は住宅販売の営業という仕事をどう感じながらやってきたのか」、「これまで何を考えて、その仕事をしてきたのか」という部分が、本当は面接官の聞きたいことでもあるのです。

面接では受験者も、自分のことをアピールしたいという気持ちが先になりがちで、どうしても自分の実績や、やってきたことばかりを話し過ぎる傾向があります。

でも、面接官が聞きたいのはそればかりではなく、それをやってくる過程で何を感じてきたのか、それに対してどのように考えているのかという、その人自身の中身の部分でもあります。

自分自身をしっかり見つめて、自分の感情の深い部分を反映させた受け答えができると、それは面接における「深い発言」になるのだと思います。

そのためにも、面接の準備として、

「あなたはこれに対して、本当にどう感じているのですか？」

という問いを突きつけられているつもりで、自分自身を掘り下げることが必要になってきます。

「自分はなぜ、これが好きなのか」、「そのとき、どう感じているのだろうか」、「なぜ、そう感じるのだろうか」……と、自分の感情や考えを、ひとつひとつその奥に向かってたどるように自問してみてください。

そうして得た自分の深い部分の感情、考えを、これまでの実績や志望動機とリンクさせながら話せれば、面接官の心を動かす深い発言になっていきます。少なくとも、面接官に発言がスルーされてしまうようなことはなくなるはずです。

逆質問に深さが出る

面接試験の現場では、受験者の「深さ」、「浅さ」が露呈してしまう典型的なシーンがひとつあります。それは、「逆質問」のときです。

面接試験の終盤で、面接官から、

「では、あなたのほうから、こちらへ聞きたいことなどありませんか？」

などと問いかけられることがありますが、このときの逆質問に、受験者の深さ、浅さがはっきり見えるのです。

就職の面接試験などは特にそうですが、面接というのは、受験者がどれだけその会社に入りたいと考えているのか、その熱意や真剣度を問うものでもあります。

どうしてもその会社に入りたいという情熱を伝えられれば、それは面接官の深い部分を揺さぶりますし、それが感じられないと面接官はその人に関心をもちません。

その情熱や真剣度の部分がはっきりと出てしまうのが、逆質問のときなのです。その会社や業界の知識も希薄で、あまり考えられていないような浅い質問をしてしまうと、その受験者自身の熱意の浅さとして受け止められてしまいます。

一方で、業界やその会社のことを調べ上げたうえで、それをもとに考え抜かれた質問をすると、面接官にはその受験生の熱意の深さとして伝わります。

「よく調べているな」、「熱心な受験生だ」とその評価は、当然高くなります。

つまり、情熱を示すひとつの行動として、「深い逆質問」をするということはとても有効なのです。

ただ、そのような逆質問をしようとすれば、その会社、業界のことをしっかり調べることが必要になってきます。

まず、会社のパンフレットはしっかり読んでおくことは必須条件です。社是や経営方針などなら、そこに必ず書いてあります。その会社の自分の興味のある分野、事柄についても、最新の動きとともに押さえましょう。

こういった会社案内さえ読まないで試験に行ってしまう人がいますが、これでは試験の場で深い話などできるはずもありません。

その業界の事情なども、いまは関連書籍がありますから、そういったものには目を通しましょう。さらに気になる点は、ネット検索を駆使すれば、深い情報が得られるはずです。

たとえば、清水建設の会社案内を見れば、社是が渋沢栄一の「論語と算盤」だとわかります。清水建設の草創期に、渋沢が30年以上、相談役を務めており、渋沢の道徳と経済の合一を第一にする考え方を経営方針としているのです。

このようなことがわかれば、面接の前には、渋沢の著作である『論語と算盤』を読んでおく必要もあるでしょう。事前に読み込んできたことが逆質問する際に伝われば、それは面接官にも高く評価されるはずです。

このような事前の下準備によって、興味をもった部分、疑問に感じた部分を整理しておきましょう。

それを踏まえて、面接前に、逆質問を促された際にはどのような質問をするのか練っておくことをお勧めします。そうしておけば、いざその機会がきたときに、あなたがアピールするチャンスとなります。

このように業界のことを調べ、その企業を調べ、そこに自分がこれまでの人生でもってきた情熱とどのような接点があるのかを見つけてください。それも、ひとつだけだと突っ込まれたらそれで終わりになってしまうので、３つくらい見つけておくことがベストでしょう。これが志望動機になります。

受験者がこれまでどのような情熱をもってきたのか、そしてそれが職業として意識されはじめ、その会社で働きたいという情熱にいかになってきたのか、そこを話せれば、面接官の心にも響くはずです。

あえて細部を語ることで情熱を伝える

情熱を伝えるということは、面接試験に限らず、一般的などのような会話でも重要になってきます。

聞き手の心を動かすような深い話とは、話し手の情熱、感情が伝わることで可能になるという面があるからです。

同じような話をしたとしても、話し手の情熱が伝わってきた場合と、話し手の心がまったく動いていないような場合では、当然、前者のほうが聞き手の心に届く深い話となります。

つまり、話し手の心が動いていれば、聞き手の心も動かしやすいのです。

ただ、この情熱や感情を聞き手にうまく伝えるということも、なかなか難しいものです。

「すごく感動した！」、「とても面白い！」、「本当にすばらしい！」と言うだけでは、その強い感情はなかなか伝わりません。聞き手にとっても、「ふーん、そうですか」というくらいの反応です。

つまり、単に感動したことを伝えるのではなく、「どこに」、「どのように」感動したのかを伝えないと、感動したということ自体が、相手には本当に伝わらないということです。

心を動かされたものを深く掘り下げて語ってこそ、聞き手にも話し手が感動したことが伝わります。

たとえば、ある映画がたいへん好きだったとして、それを伝えたいと思うのなら、その映画のどこがすばらしいのか、細部にこだわって語らないと伝わりません。

「このシーンが実はラストの伏線になっているのですが、そんな仕掛けが随所にあって一瞬も目を離せない面白さなんです」

「この場面はあの作品へのオマージュなんですけど、そういった場面がいくつかあって、映画好きなら何倍も楽しめる作品ですよ」

「この雪のシーンを撮るためにこんな苦労をしていて、この情景描写を見ているだけでも感動してしまいますよ」……といったように、細部を語るほど、その作品への愛情が伝わり、話し手が感動したこともよく伝わります。

情熱を伝えたければ、その対象を掘り下げ、具体的にどこに、どのように感動したのかを語ることが大事なのです。


感動した本についてそれを誰かに伝えたい、と考える場合も同様です。細部を語ることが、情熱を伝える手段となります。

たとえば、太宰治の『人間失格』であれば、冒頭のほうに出てくる「恥の多い生涯を送って来ました。」と、終盤の「ただ、一さいは過ぎて行きます。」という一文は有名ですから、ここはまず押さえておきたいところです。

小説などは、意外に細部を覚えていないことも多く、あらすじを話す場合、とても大雑把なものになってしまうことがときとして起こります。

「『人間失格』とはどんな話でしたか?」

と問われときに、

「うーん、……心中をしたり、アル中になったりしてどんどんダメになっていく主人公の話だったような……」

などと、あいまいな話になりがちです。

そのようなことを防ぐためにも、小説などは印象に残った「場面」で覚えることを私はお勧めします。頭のなかで映像化して、ひとつのシーンとして覚えてしまうのです。

それができていると、

「……心中事件を起こしたあと、さらにアルコールに溺れていく主人公でしたが、ヨシ子と出会うことで、平穏な家庭生活を築きかけます。

しかしある日、旧知の友が訪ねてきます。友人と屋根の上で焼酎を飲みながら、激論をしているときでした。階下で妻のヨシ子が乱暴されてしまうのです。急いで駆けつけた主人公ですが、現場に居合わせながら立ち尽くすだけで何もしません。

ここから、主人公の人生は破綻に向かっていきます。そしてついには……」と、場面を挿入して話すことができるので、あいまいなところがなくなり、話も深くなっていきます。

場面を映像化して覚えるという方法は、エピソード記憶の一種といえるかもしれません。エピソード記憶とは、ひとつの物語にしていくつもの事柄を記憶する方法ですが、そうすることで、とても忘れにくい記憶になるといわれています。

読書をする際は、象徴的な場面、好きな場面など、「場面」に着目して映像化して頭に入れておくと記憶に定着しやすく、あとあと、誰かに話す際にも役に立ちます。

「書く」ことが「深さ」に至る王道

テレビを見ていると、ときどきそれまで何気ない話だったものが、「急に深い話になってきたなぁ」と感じることがあります。

こういった場合、その話している人は、教養や知識がとても豊富な人か、何かのプロフェッショナルの人、あるいは、自分自身の経験が整理してあり、常にさっと取り出して話題にできる人のどれかであることがほとんどです。

これらは、この本で最初から述べてきた、「深い話」をするための能力と対応しています。つまり、教養や知識量の豊富な人は、第1章で述べた「展開力」をもっている人です。

プロフェッショナルの話は、奥深くまで考え抜かれ、本質を提示するものでもあり、それは第2章で述べた「本質把握力」によってもたらされる深さです。

自分の経験を自由自在にエピソードとして語れるのは、第3章で触れた「具体化力」に長けているからです。

ただ、これら3つの能力が高かったとしても、実はそれだけでは深い話はできません。

最終的に必要となってくるのは、アウトプットする能力です。

どんなに教養や知識があって、深い本質を知っていて、さまざまな経験、エピソードをもっていたとしても、話の文脈に合わせて、「このタイミング!」というときに、上手に話せなければ宝の持ち腐れです。

そのためにも、それらの話題のストックができたら、常に、人に話す経験を積んでください。アウトプット能力は、実際に練習をしないと上達はしません。

結局、話し慣れている人でないと、深い話はできないのです。あらたまった場でなくて当然いいので、日常のちょっとした会話、家族や気のおけない友人たちとの雑談の機会などをとらえて、試しにどんどん話してみてください。

アウトプットを重ねるうちに、この題材はいいが、これはあまり相手に伝わらないなどと、話しやすい題材が選別されてきたり、同じ題材を何度も話すことで、だんだんこなれてくるという利点もあります。

本を読んで得た知識をアウトプットしようという場合は、読んだあとに読書会をやるような仲間がいればベストですが、そのような機会のない人のほうが多いと思います。いくら本を読んで知識や教養を得ても、それを話す機会がないと、どんどん記憶が薄れていってしまいます。

そのようなことを避けるために、読後なるべくすぐに、読書記録を文章にしてまとめておくことをお勧めします。メモ程度で、短くてもかまいません。ネットなどで、本のレビューを書くことも効果的です。

誰かがそのレビューをきっかけに、自分が感銘を受けた本を読んでくれればとてもうれしいことです。しかしそれ以上に、文章にまとめることで、本の内容が自分自身の記憶に定着するというメリットがあります。

文章に起こす際には、ポイントを簡潔にまとめることになりますので、実際に話すときにも役立ちます。

実は、深い話をできる人というのは、一度、文章にまとめたことを話している人の場合がかなりあります。

このように常に人に話したり、文章にまとめたり、アウトプットの経験を積んでいると、実際の会話に合わせて、「その件でいえば、こんなこともありました」、「その作品についてですが、この前、調べたことがあるのですが……」などと、適宜、自分のストックから題材を取り出して話せるようになります。

「書く」ことは、「深み」に至る王道です。多少めんどうかもしれませんが、岩盤を掘った先に宝があるように、書いた先には思考の宝石があります。

1分間で話せるようになる「15秒トレーニング」

この章では、深い話をするための技術的な面について説明してきましたが、最後に話す「時間」について述べたいと思います。

深い話をしようとする人にありがちな失敗ですが、どんどん話が深掘りされて広がっていき、話が長時間にわたってしまうということがあります。そうなると、聞き手は、「深い」ではなく「くどい」という感想をもってしまいます。

くどくならず、「深い」と思わせるなら、せいぜい1分間で終わるくらいの話にすべきです。話す材料がたくさんあるからといって、10分、20分も話してしまうと、聞いているほうはもう満腹です。

基本的には30秒を想定して話し、聞き手が興味をもってくれそうなら、そこから

30秒伸ばして、1分間でやめるというのがベストです。

短時間でありながら、たいへん中身の濃い1分間だからこそ、「深い！」と聞いている人の心を動かせるのです。

1分間というと、ほんの少しの時間と思われるかもしれませんが、実はとても多くのことが語れます。

私は大学の授業でも、学生さんたちに、自分が読んだ本についての「1分間プレゼン」をやってもらうことが多いのですが、最初はまったく時間内に話せなかった人でも、5回、6回とやるうちにすぐにうまくできるようになります。

つまり、話す際の時間感覚は、みんなこれまで意識をしていないだけで、ストップウォッチで時間を計って練習をすればすぐに身につくのです。

まず私の授業では、15秒の感覚を身につけてもらいます。「15秒トレーニング」と私が呼んでいるものですが、たとえば、「宗教改革について15秒で説明してください」、「円安、円高について15秒で説明してください」などといったお題を出して、実際に練習をしてもらうものです。

時間を計りながら話してみると、15秒でもある程度のことが言えることがわかります。また、伝える時間が限られていると、「あの……」とか、「えーっと……」などという話し方は当然しなくなり、無駄を削ぎ落として、要点を効率よく話すことが身についてきます。

1分間で話すことを身につけるには、まず、この15秒の感覚を身につけることが近道です。15秒で話す感覚が身についたら、それが4つ組み合わさって1分間になると考えるのです。

たとえば、何かの事件について解説するとしましょう。

パート①事件のあらまし　15秒
パート②事件の真相　15秒
パート③さらにその奥の真相　15秒
パート④この事件の本質　まとめ　15秒

このように各15秒のパートを4つ合わせて、トータル1分間で話すのです。

まずは自分の話したいテーマについて、4部構成にして、本書で説明してきた深い話になるための要素を織り交ぜて、話を構築してみてください。あとは各15秒でそれぞれのパートを話せるようにすればいいのです。

まずは、「15秒トレーニング」を繰り返して、話す際の時間感覚を身につけてください。そうすれば、誰もが簡潔に中身の濃い1分間の話ができるようになります。

最後にお伝えしたいのは、密度の感覚です。単位時間当たりの意味の量を、私は「意味の含有率」と呼んでいます。短い時間のなかに豊富な意味が含まれていれば、それは「深み」を感じさせます。

いきなり「深さ」をつかめなくとも、時間感覚を身につければ、密度は上がります。

私は30年来、ストップウォッチを携帯しています。時間を計ることで、確実に「密度の感覚」は研ぎすまされます。ぜひ、お試しください。

構成／雲沢丹山
校正／萩原企画

詩想社新書

詩想社新書発刊に際して

詩想社は平成二十六年二月、「共感」を経営理念に据え創業しました。なぜ人は生きるのかを考えるとき、その答えは千差万別ですが、私たちはその問いに対し、「たった一人の人間が、別の誰かと共感するためである」と考えています。

人は一人であるからこそ、実は一人ではない。そこに深い共感が生まれる――これは、作家・国木田独歩の作品に通底する主題であり、作者の信条でもあります。

私たちも、そのような根源的な部分から発せられる深い共感を求めて出版活動をしてまいります。独歩の短編作品題名から、小社社名を詩想社としたのもそのような思いからです。

くしくもこの時代に生まれ、ともに生きる人々の共感を形づくっていくことを目指して、詩想社新書をここに創刊します。

平成二十六年

詩想社

齋藤 孝（さいとう　たかし）

1960年静岡県生まれ。東京大学法学部卒業。同大学大学院教育学研究科博士課程等を経て、明治大学文学部教授。専門は教育学、身体論、コミュニケーション論。著書に、『声に出して読みたい日本語』（草思社）、『雑談力が上がる話し方』（ダイヤモンド社）、『読書する人だけがたどり着ける場所』（SBクリエイティブ）、『「文系力」こそ武器である』、『頭のよさとは「説明力」だ』（ともに詩想社）などがある。

詩想社
―新書―

38

いつも「話が浅い」人、
なぜか「話が深い」人

2023年2月21日　第1刷発行
2024年11月26日　第8刷発行

著　　者　齋藤 孝
発 行 人　金田一一美
発 行 所　株式会社 詩想社
〒151-0073　東京都渋谷区笹塚1―57―5 松吉ビル302
TEL.03-3299-7820　FAX.03-3299-7825
E-mail info@shisosha.com

D　T　P　中央精版印刷株式会社
印刷・製本　中央精版印刷株式会社

ISBN978-4-908170-33-1

詩想社のベストセラー

頭のよさとは「説明力」だ

知性を感じる伝え方の技術

齋藤 孝 著

新書判　224ページ　ISBN978-4-908170-21-8
定価：1100円（税込10%）

この本で、「話の長い人」からは卒業!　プレゼン、仕事の報告・連絡、営業トーク、就活の面接、日常会話まで説明力で差をつける!　「なるほど!」と腑に落ち、思わず「頭がいいね」と感心してしまう知的な説明力の伸ばし方を、長年、大学生に説明技術を指導してきた著者が説く。大反響、続々重版ベストセラー!

「文系力」こそ武器である

ぼんやりとした「文系人間」の真の強みを明かす

齋藤 孝 著

新書判／224ページ／ISBN978-4-908170-02-7
定価：1012円（税込10%）

「文系は役に立たない」は本当なのか?「理系になれなかった人」が、文系なのではない。理系にはない文系の真の強みとは何か、またそれが社会をどう動かしてきたのかを明らかにし、文系力の鍛え方、社会と自分の人生への生かし方を説く。あなたの中の文系力が最強の武器になる!

畏友春日キスヨさんの言う、人生の最期に待っている「ヨタヘロ期」こと、「ヨタヨタヘロヘロ期」に、樋口おネエさまは足を踏みいれているらしい。自分より少し先を行く先輩の背を見て育ってきた者としては、この際、膝詰めで樋口さんのホンネを聞いてみたいと思った。このチャンスを逃す手はない。

それも樋口さんが老後を迎えて建て替えたご新居で。おひとりさまの在宅派であるわたしに、樋口さんは最期は施設か自宅か、「決められないわね」と言を左右にしてきた。どちらを選んだひとたちにも配慮した発言だと思うが、80歳を超してから、ご本人がここなら入ってもよいと思われる有料施設の入居金に充当する蓄えを放出して、いまや寿命の尽きた都内の庭付き一戸建てを改築するという大決断をなさった。それでわたしは樋口さんに会うたびに、こう言うようになったのだ。「樋口さんもついにルビコン川を渡りましたね。これで施設派へは引き返せません、在宅死のお覚悟はできましたか?」と。

その在宅の環境もこの目で拝見したかった。エレベーター付きの二階建て、手入れのよい前庭から通りを歩くひとの気配が伝わり、玄関脇の緑が見える居

はじめに

上野千鶴子

わたしには、このひとに何か頼まれたら何をさしおいても駆けつけるというグレイト・レイディズが何人かいらっしゃる。そのおひとりが、樋口恵子さんである。

樋口さんとは何度もシンポジウムや座談会でご一緒したが、考えてみたら、対談をしたことがないことに気がついた。その樋口さんからお声がかかったのだから、一も二もなくお引き受けした。

テーマは「人生のやめどき」だという。樋口さんは御年88歳、わたしはそれより16歳若い。人生100年時代に、わたしなどは、まだ高齢者ビギナーだが、